叠翠流光
中山大学百年足迹

版权所有　翻印必究

图书在版编目（CIP）数据

叠翠流光：中山大学百年足迹/中山大学博物馆（校史馆）编.--广州：中山大学出版社，2024.11.
ISBN 978-7-306-08238-1

Ⅰ.G649.286.51
中国国家版本馆CIP数据核字第202490TX37号

DIECUI LIUGUANG：ZHONGSHAN DAXUE BAINIAN ZUJI

| 出 版 人：王天琪
| 策划编辑：何　韵
| 责任编辑：梁锐萍　林梅清
| 责任校对：邓诗漫　蓝若琪　管陈欣
| 封面设计：林绵华
| 版式设计：友间文化
| 责任技编：靳晓虹
| 书名题字：集自北宋黄庭坚法书
| 出版发行：中山大学出版社
| 电　　话：编辑部 020-84111996，84113349，84111997，84110779
|　　　　　 发行部 020-84111998，84111981，84111160
| 地　　址：广州市新港西路135号
| 邮　　编：510275　　传　真：020-84036565
| 网　　址：http://www.zsup.com.cn　E-mail：zdcbs@mail.sysu.edu.cn
| 印 刷 者：雅昌文化（集团）有限公司
| 规　　格：787 mm×1092 mm　1/12　17印张　280千字
| 版次印次：2024年11月第1版　2024年11月第1次印刷
| 定　　价：368.00元

如发现本书因印装质量影响阅读，请与出版社发行部联系调换

《叠翠流光——中山大学百年足迹》编写人员

主　编

徐俊忠

副主编

吴重庆　曹天忠　黄晓玲

参编者

朱亚坤　李敏玲　肖胜文　张　诚
杨思敏　吕晓琳　谢　芳　李佳美
邓云骢　江程远　劳楚华　王　晶
莫嘉琪　陈　峻　罗嘉伟　王　妍

鸣谢

特别鸣谢国内相关部门,云南省、广东省等档案部门,以及本校档案馆、图书馆的慷慨支持。

前言

  白云山高，珠江水长，吾校矗立，蔚为国光。

  中山大学为中国民主革命伟大先行者孙中山先生亲手创办，是国共合作的重要结晶。

  创校伊始，我校遵循中山先生教诲："大学之旨趣以灌输及讨究世界日新之学理、技术为主，而因应国情，力图推广其运用，以促进社会道义之长进，物力之发展副之"，努力创设现代学科体系，引进现代学术方式，在探索中国现代大学道路上砥砺前行。

  跨进人民共和国新时期，直至改革开放大潮激荡，我校以建设"人民中大"的崭新姿态，融入国家社会主义建设大业，开展"有组织科研"，求索人类文明与社会发展奥秘，探究科学前沿基础理论，努力攻克技术难题，护佑人民生命健康，人才培养与学术研究全面跃上新台阶。

  进入新时代，我校贯彻"扎根中国、融通中外、立足时代、面向未来"的方针，立足大湾区，放眼全天下，打造培育一批"想国家之所想，急国家之所急，应国家之所需"的优秀学科，建设若干堪称"国之重器"的重大装置和科研平台，并致力构建现代大学制度体系和人才培养机制，迈向学校发展历史新高峰。

  世纪中大，沧桑巨变。这所大学的历史是中国现代高等教育发展的缩影，亦可视为该发展过程的重要范例。厚重的历史积淀，是中山大学迈向中国特色世界一流大学前列的厚实基础。

目录 CONTENTS

第一篇章 CHAPTER 1 — 中山手创

001

第二篇章 CHAPTER 2 — 人民中大

061

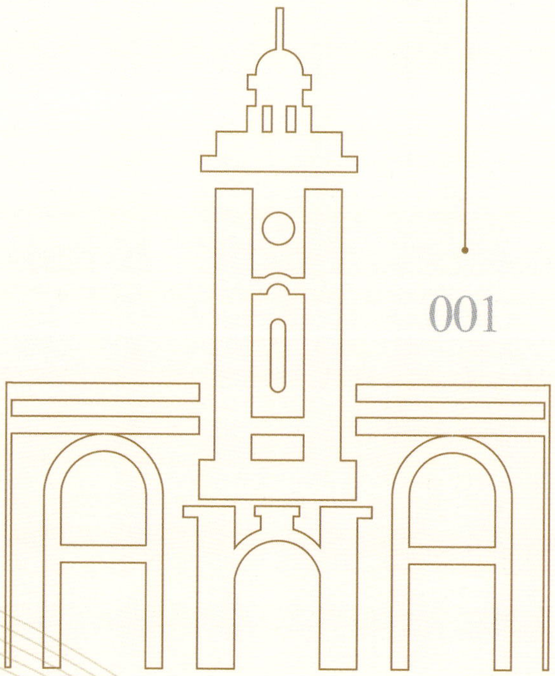

第三篇章 CHAPTER 3 **勇立潮头**

101

第四篇章 CHAPTER 4 **时代新篇**

139

结 语

194

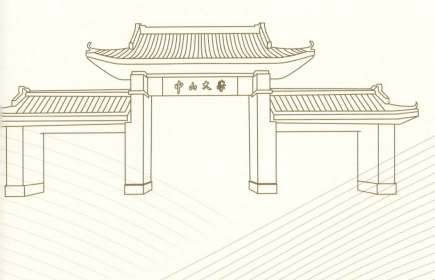

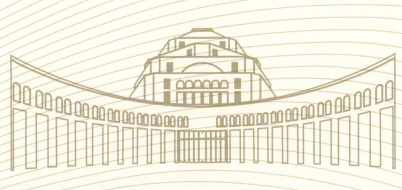

叠翠流光

中山大学百年足迹

第一篇章

中山手创

CHAPTER 1

中山大学,中山手创。1924年孙中山先生在完成国共合作的同时,创办黄埔军校和国立广东大学。中山先生对国立广东大学寄予厚望,以颁布一系列帅令的方式,任命筹备骨干、协助筹款、规划新校区建设,并发布"大学条例"、赠送学生毕业训词,为学校人才培养与学术发展指明方向训词等,为学校开学典礼手书承蒙中山先生的恩泽,学校筚路蓝缕,艰难创业,成绩斐然,虽历经战火考验,仍矢志不移,坚守教育初心,奋力前行在探索中国现代高等教育发展的大道上。

壹 创立国立广东大学

"学校者,文明进化之泉源也。"1924年1月,国民党第一次全国代表大会在国立广东高等师范学校礼堂召开,标志着第一次国共合作的实现。2月,孙中山下令合并国立广东高等师范学校、广东公立法科大学、广东公立农业专门学校,成立国立广东大学。1925年又将广东公医医科大学并入。

创校人孙中山先生

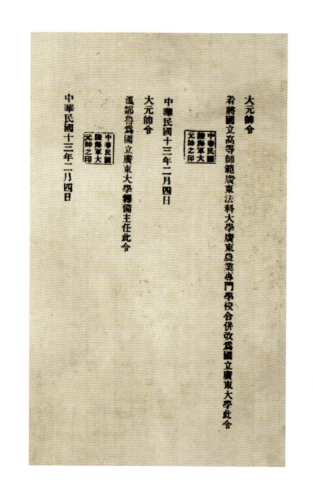

1924年2月4日,孙中山发布大元帅令,将国立广东高等师范学校、广东公立法科大学、广东公立农业专门学校合并改为国立广东大学,命邹鲁为筹备主任。图为《陆海军大元帅大本营公报》所载大元帅令

国立广东高等师范学校

广东公立法科大学

广东公立农业专门学校

筹备主任邹鲁，后任国立广东大学首任校长

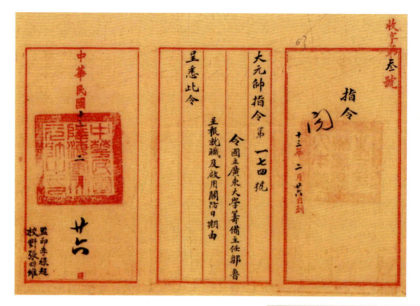

1924年2月26日，孙中山指令知悉筹备主任邹鲁呈报就职及启用关防日期（广东省档案馆藏）

李大钊、廖仲恺、汪兆铭、许崇清、胡适、蒋梦麟等35位国共两党重要人物、学界领袖和社会名流，先后受聘为国立广东大学筹备委员。图为部分筹备委员名单（广东省档案馆藏）

1925年7月，柯麟（柯辉萼）在周恩来指导下，发动收回外国人控制的广东公医医科大学，归并为国立广东大学医科学院。

广东公医医科大学学生请愿将学校归并国立广东大学合影

广东公医医科大学

第一篇章 中山手创

为筹办国立广东大学，除高师、法大、农专等校的学校经费，孙中山先生先后发布多项指令，将筵席捐、田土业佃保证费、士敏土厂余利、北江各处石矿收入、省河盐税费、各田赋附加费、全省进口洋布匹头厘费等都划作大学经费。下图为各指令情形。

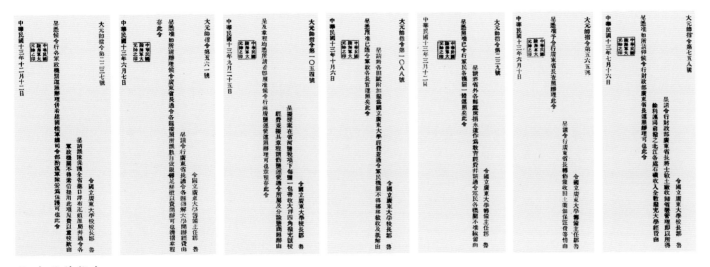

○ 大元帅指令

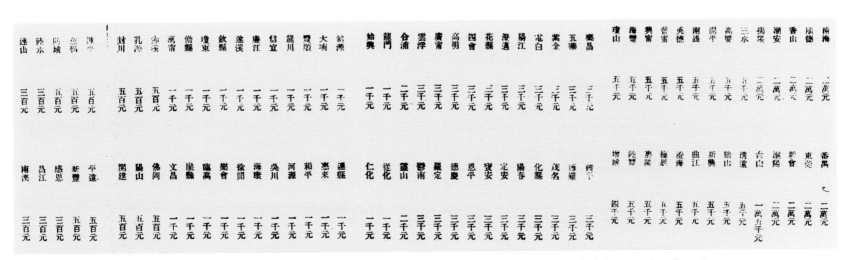

○ 《陆海军大元帅大本营公报》"大元帅指令第五六一号"中所列广东各县应解国立广东大学筹备处办学经费一览

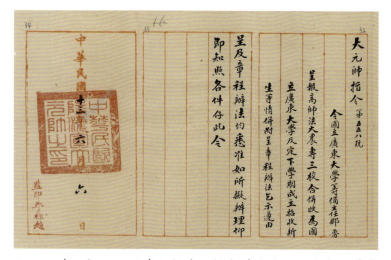
↑ 1924年6月6日，孙中山批准三校合并改为国立广东大学等的指令（广东省档案馆藏）

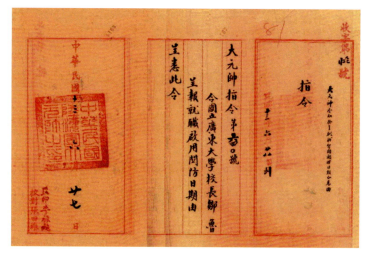
↑ 1924年6月27日，孙中山指令知悉校长邹鲁呈报就职及启用关防日期（广东省档案馆藏）

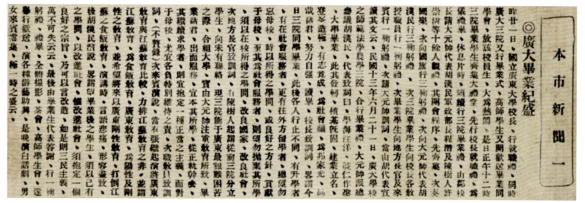
↑《广州民国日报》报道，1924年6月21日，校长邹鲁就职典礼暨广大师范、法学、农学三院毕业典礼在学校礼堂举行，孙中山派代表致毕业训词

← 国立广东大学关防

孙中山手定毕业训词

学海汪洋，毓仁作圣，大学毕业，此其发轫。

植基既固，建业立名，登峰造极，有志竟成。

为社会福，为邦家光，勖哉诸君，努力自强。

国立廣東大學成立訓詞

博學 審問 慎思 明辨 篤行

中華民國十三年十一月

孫文

○ 孙中山题写的国立广东大学成立训词

◐ 1924年8月13日，孙中山公布《大学条例》。第一条为"大学之旨趣，以灌输及讨究世界日新之学理、技术为主，而因应国情，力图推广其应用，以促社会道义之长进，物力之发展副之"（广东省档案馆藏）

◐ 1934年，文明路校本部鸟瞰图

贰 改名国立中山大学

1925年3月12日,孙中山在北京病逝。广州国民政府为纪念孙中山先生,于1926年8月17日将国立广东大学改名为国立中山大学。随着北伐战争胜利,全国多所大学改名为中山大学。1928年,南京国民政府大学院最后决定仅保留广州的中山大学以资纪念。

1925年3月,国立广东大学在操场上设灵堂,沉痛悼念创校人孙中山

1925年3月23日《广州民国日报》报道，黄行致函国民党中央党部，建议将国立广东大学改名为国立中山大学，以纪念学校创办人孙中山

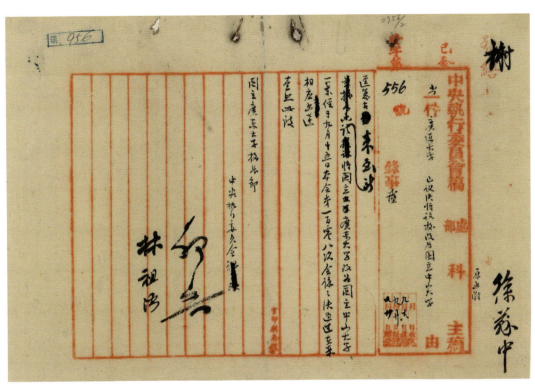

1925年9月15日，国民党中央执行委员会通过国立广东大学改为国立中山大学案（中国历史研究院藏）

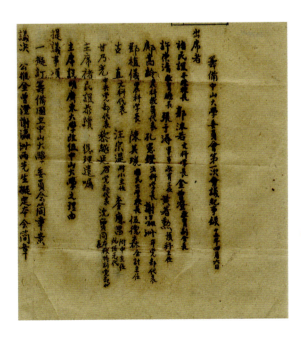

1926年4月6日，筹备中山大学委员会第一次会议纪事录（中国历史研究院藏）

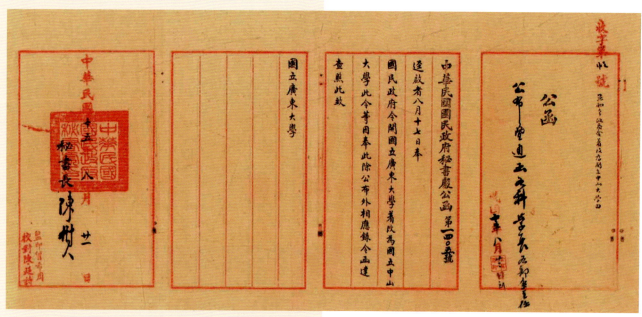

1926年8月17日，广州国民政府令国立广东大学改名国立中山大学（广东省档案馆藏）

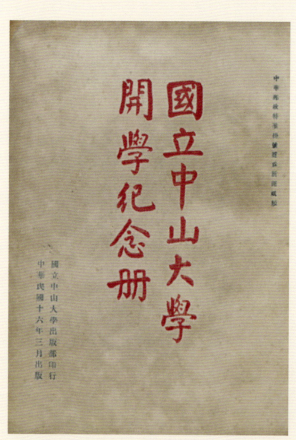

《国立中山大学开学纪念册》（1927年3月）

国立中山大学校徽（1927年）

国立中山大学校徽（1930年）

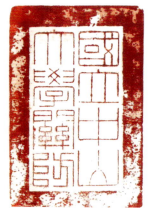

国立中山大学关防

国立中山大学校务委员会关防

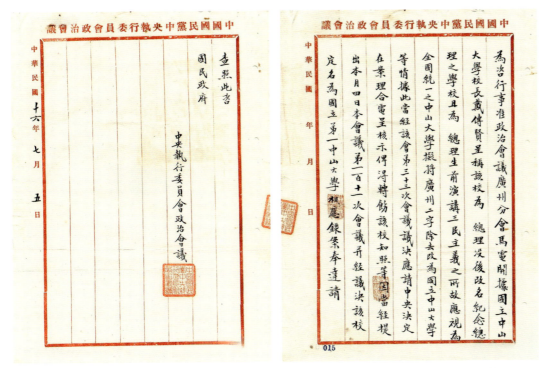

1927年7月5日,国民党中央执行委员会政治会议议决,"广州国立中山大学"改名为"国立第一中山大学"(台北"国史馆"藏)

1928年2月19日,中华民国大学院决定仅保留国立第一中山大学并去掉"第一"二字(中山大学档案馆藏)

国立第一中山大学第一届毕业同学合影(1927年6月30日)

叁

红色血脉

国立中山大学是国共两党首次合作的重要成果。师生党员数量众多,深刻影响了中山大学的创办和发展,也促进了国民大革命进程。

1925年,毛泽东担任国立广东大学附中教员,讲授"农工政策"课程

《现象报》报道,1924年底,学校成立马克斯主义研究会。研究会邀请许崇清、胡汉民、谢瀛洲等演讲马克思主义

1926年,中共中央执行委员瞿秋白推荐进步社团创造社发起人郭沫若担任国立广东大学文科学长。图左二为郭沫若

陈独秀与中共两广区委书记陈延年一起,介绍鲁迅担任中山大学中文系主任兼教务长。图为1927年鲁迅和许广平等在广州合影

○ 1926年5月7日，广东各界在广东大学操场举行纪念"五七"国耻大会，毛泽东代表国民党中央党部、毕磊代表广州学生联合会出席，均被选为大会主席团成员（《中国国民党中央执行委员会常务委员会会议录》）

○ 《广州民国日报》报道，1926年5月5日，马克斯诞生纪念联合大会在广大番禺学宫举行，广大文科学长郭沫若等代表出席

《国立广东大学周刊》报道，1926年6月，国立广东大学设立政治研究班，在研究班教授群体中，有恽代英、张太雷、阮啸仙、熊锐、陈启修、成仿吾、孙炳文、于树德等中共党员，并扮演重要角色

《中华农学会报》刊载，1926年8月14日，毛泽东以广州农民运动讲习所代表身份，在中山大学召开的中华农学会第九届年会上发表重要致辞。同时期，周恩来、刘少奇等亦有参加在中大举办的活动，并发表演说

1927年国共合作破裂，熊锐、陈铁军、毕磊等一大批中大共产党员、共青团员和进步师生，或遭屠杀，或遭逮捕入狱，或被开除公职和学籍。

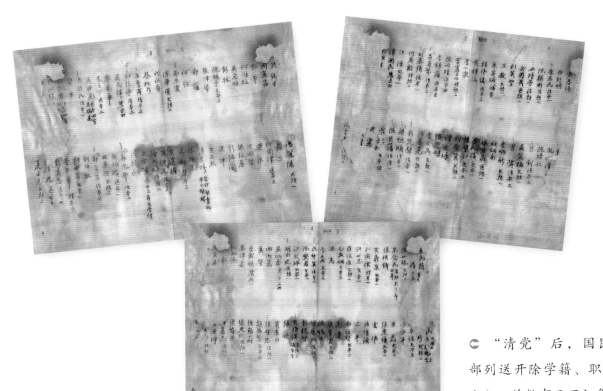

"清党"后，国民党中大特别党部列送开除学籍、职务人员名单（部分），总数有五百之多

广州起义失败后，陈铁军（右）和周文雍（左）就义前在狱中合影

肆

"中山大学校,半座广州城"

建设石牌校区本是孙中山先生的遗愿,经过三任校长邹鲁、戴季陶、许崇清,特别是邹鲁的多年艰难筹备,苦心经营,终于建成"求之于世界亦不落后"的新校园,为学校的快速发展奠定了坚实的物质设备基础。

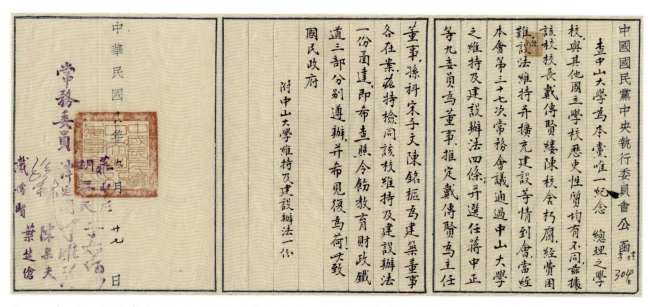

1929年9月,国民党中央执行委员会选举通过国立中山大学董事会董事以及建筑董事(台北"国史馆"藏)

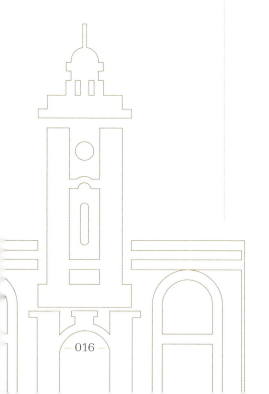

前期董事会董事
蒋中正　胡汉民　谭延闿　古应芬　孙科
宋子文　陈铭枢　朱家骅　戴季陶

后期董事会董事
胡汉民　萧佛成　陈融　林云陔　陈济棠
许崇清　林翼中　区芳浦　邹鲁

《国立中山大学建筑石牌新校捐款征信录》

伍

努力建设『中山学派』

在设立各种专门研究所的基础上，各学科开展以实地考察为主要取向、注重民生、服务国家与社会的学术研究，学校提出建设"中山学派"，努力赶上世界日新之学理与技术，获批建立全国首批部属研究院以及师范学院，增设工学院，形成跨学科、门类齐全的研究型大学格局。

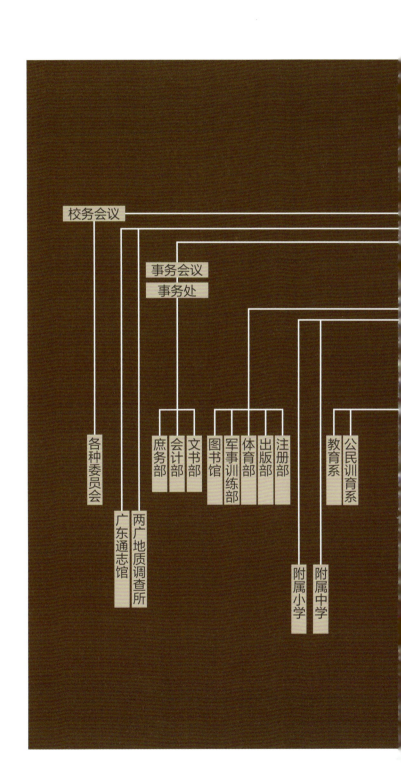

第一篇章 中山手创

◐ 1934年国立中山大学石牌全景

（图片中部有缺失）

◑ 1929年6月，国立中山大学建筑第一座天文台（左图），位于文明路，这是中国高校最早的天文台；后在石牌新校区建成第二座天文台（中图）；抗战时期在粤北坪石修建第三座天文台（右图）

1934年11月11日,国立中山大学举行成立十周年纪念暨庆祝石牌新校舍落成、农理工三学院进驻、文法两学院奠基、第四次全校运动大会开幕典礼

石牌新校南门牌坊

校长邹鲁把石牌精神概括为"筚路蓝缕,以启山林"

1938年国立中山大学组织系统图

- 国立中山大学
  - 校董会
  - 校长
    - 校长秘书室
    - 教务会议 / 教务处
    - 研究院
      - 文科研究所
        - 历史学部
        - 中国语言文学部
      - 教育研究所
        - 教育学部
        - 教育心理学部
      - 农科研究所
        - 土壤学部 — 土壤调查所
        - 农林植物学部 — 农林植物研究所
    - 师范学院（院务会议）
      - 国文系
      - 英文系
      - 史地系
      - 数学系
      - 理化系
      - 博物系
    - 医学院（院务会议）
      - 第二医院
      - 第一医院
      - 护士学校
      - 不分系
        - 药物学研究所
        - 解剖学研究所
        - 病理学研究所
        - 生理学研究所
        - 细菌学研究所
    - 工学院（院务会议）
      - 俟至相当时期得随时增设其他学系
      - 机械工程学系
      - 电气工程学系
      - 化学工程学系
      - 土木工程学系
    - 农学院（研究委员会 / 院务会议）
      - 农业推广部
      - 气象观测所
      - 农场
      - 蚕桑系
      - 农林化学系
      - 林学系 — 第一林场
      - 农学系
        - 石牌稻作试验场
        - 南路稻作育种场
        - 沙田稻作试验场
        - 东江稻作试验场
        - 韩江稻作试验场
    - 理学院（院务会议）
      - 地理学系
      - 地质学系
      - 生物学系
      - 化学系
      - 物理学系
      - 数学天文系
        - 工业化学研究所
        - 天文台
    - 法学院（院务会议）
      - 经济学系
      - 政治学系
      - 法律学系
      - 社会学系
      - 英国语言文学系
        - 经济调查处
        - 民众法律顾问处
    - 文学院（院务会议）
      - 教育学系
      - 哲学系
      - 史学系
      - 中国语言文学系

· 语言历史学研究所

1927年,傅斯年、顾颉刚开始筹办国立中山大学语言历史学研究所,1928年1月正式成立,下设考古学会、民俗学会、历史学会、语言学会。语言历史学研究所强调科学方法和实地考察,扩张研究材料种类和范围,推动中国现代学术走向集众化、科学化、本土化。

我们高呼:

一、把些传统的或自造的"仁义礼智"和其他主观,同历史学和语言学混在一气的人,绝对不是我们的同志!

二、要把历史学语言学建设得和生物学地质学等同样,乃是我们的同志!

三、我们要科学的东方学之正统在中国!

中华民国十七年五月 傅斯年 广州

语言历史学研究所集体照(前排左起为余永梁、商承祚、顾颉刚、沈鹏飞、黄仲琴、容肇祖)

语言历史学研究所所址

1927年8月,语言历史学研究所发布招生简章

《国立第一中山大学语言历史学研究所周刊》创刊号发刊词(1927年11月)

❶《国立中山大学语言历史学研究所周刊》书影

❶ 所内风俗物品陈列室

❶ 民俗学会会员合影

❶《民俗》第一期发刊辞

1928年3月，民俗学会规划开民俗学研究班、刊行《民俗》周刊及丛书、设立风俗博物馆、实地调查等

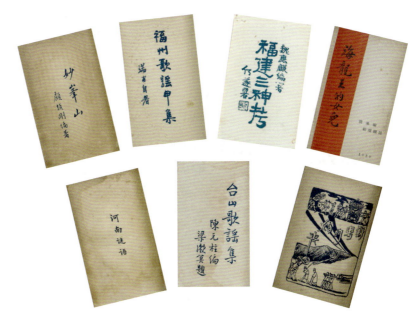

民俗学会丛书书影

1928年12月，语言历史学研究所作语言学、历史学、考古学、民俗学等研究计划

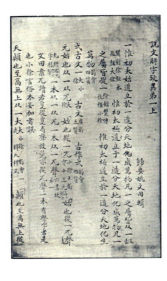

1928年语言历史学研究所藏姚文田稿本《说文解字考异》

1928年语言历史学研究所藏冯梦龙《甲申纪闻》

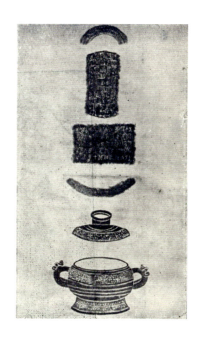

◐ 1928年语言历史学研究所藏秦公敦拓片

↑ 1928年语言历史学研究所藏虎符

1927年，由南方生物调查会辛树帜主持的生物系考察团深入广西瑶山及两广、湖南、贵州等地，进行动植物学、民俗学、语言学等跨学科考察。并出版了《中国鸟类丛书》《国立中山大学语言历史学研究所周刊·瑶山调查专号》等大批论著。

↑ 考察团在瑶山考察时所采集的标本（1. 红嘴相思鸟；2. 黑眉拟啄木鸟；3. 金额雀鹛；4. 瑶山鳄蜥）

· 教育学研究所

1928年，学校成立教育学研究所，此为国内首先设立的教育专门研究机关。由于国民政府没有专门设立教育研究机构，教育学研究所在一定程度上扮演了中央教育研究机构的角色。所内汇集了庄泽宣、崔载阳、古楳、陈礼江等著名教育学家，提出"新教育中国化""民族中心教育""教育革命"等重要教育理论，并开展教育理论实践。

庄泽宣《如何使新教育中国化》

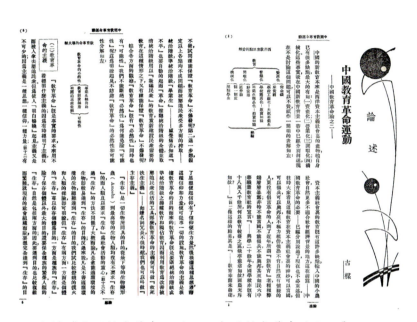
古楳《中国教育革命运动——中国教育革命论之二》

崔载阳《民族中心教育的基本理论》

1932年，崔载阳教授等开展民族中心制教育理论研究与实验，内容以民族为中心、以乡土为起点、以世界大同为终鹄。1934年开设实验班，采用自编课程与教科书。

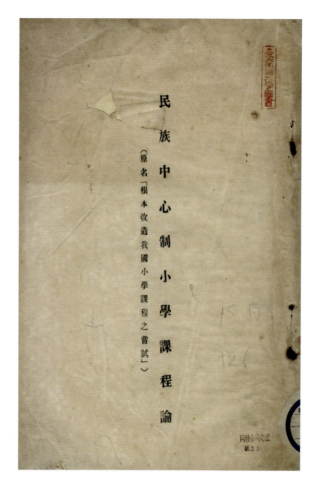

◐ 崔载阳、方惇颐《民族中心制小学课程论》长篇报告

❶ 民族中心实验小学部分自编教材书影

·农林植物研究所

1928年,学校农科为对广东植物有充分认识,进而改良广东农林事业、增进经济植物事业,遂设立植物研究室。1929年12月,改组为植物研究所。1930年4月,更名为农林植物研究所。

农林植物研究所所址

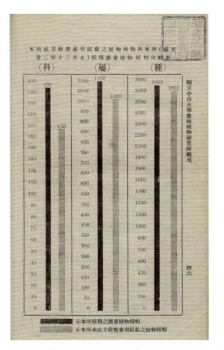

本所成立前广东有记载之植物种类与本所采得广东植物种类比较表(1934年)

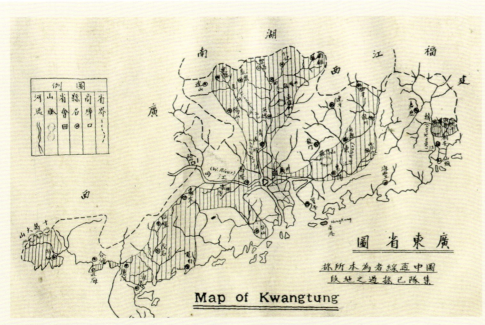

本所植物标本采集队已完成采集工作地域示意图(1934年)

学校校报、日报多次报道师生赴各地调查、采集植物标本

农学院除阐扬农林学术、造就农林人才外，还负有解决地方农林问题与改良农林事业之责，故各种研究生产事业不断增多，遂有多种附属场所的建设。

白云山第一模范林场全景

惠州西湖第二模范林场。学校后来还建有广东乐昌演习林场、云南阳宗海演习林场

石牌农场立体图。学校先后建有广州东山第一农场、湖南粟源堡农场、广东乐昌农场等

石牌稻作试验场。学校还建有南路稻作试验场、沙角沙田稻作试验场、东江稻作试验场、韩江稻作试验场、北江稻作试验场等

1936年丁颖教授育成千粒穗,为世界稻作研究所未有

1928年5月,以中山大学农科主任沈鹏飞为主席,中大农科教授丁颖、两广地质调查所技正朱庭祜等为成员组成的科考队,前往西沙群岛进行实地调查,这是中国科学家首次在西沙群岛科考。

前往西沙群岛调查的全体队员合影

1928年5月29日,岛上竖起中山大学校旗,旗下站立者为丁颖教授

科考队员乘小艇前往琛航岛

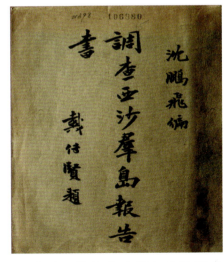

沈鹏飞教授编《调查西沙群岛报告书》(1929年)

·两广地质调查所

1929年两广地质调查所改隶中山大学地质系。在该所工作过的朱家骅、冯景兰、谢家荣、陈国达等9人，先后当选为1948年中央研究院院士或新中国时期的中国科学院院士。

该所成立以来，组织工作队赴野外实施地质、矿产等调查工作，并形成一系列调查报告，绘制系列地质及矿产图。

🔼 1932年两广地质调查所成立五周年合影

🔼 地质调查队在广西大浦县南边江采集化石

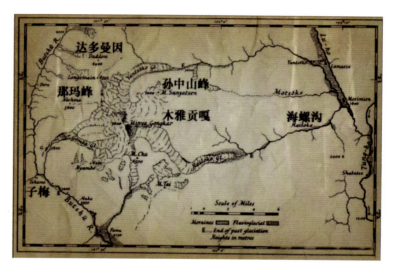

◀ 1930年5月，地质系主任哈安姆组织川康考察团，对贡嘎山进行系统科考和测量，并对无名山峰进行命名，其中包括"孙中山峰"

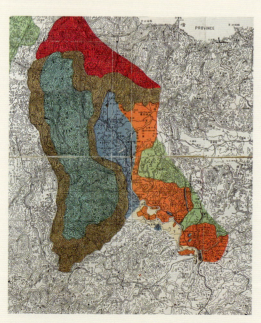

🔼 1928年朱庭祜制《广东北部地质图》（局部）

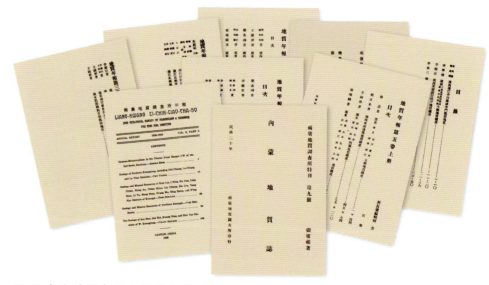

🔼 两广地质调查所出版的各种刊物

· 获批部属研究院

1935年5月，在校内原有各研究所的基础上，教育部批准国立中山大学设立研究院，本校是首批设立研究院的三所大学（还包括国立北京大学、国立清华大学）之一。研究院下辖文科研究所（中国语言文学部、历史学部）、教育研究所（教育学部、教育心理学部）、农科研究所（农林植物学部、土壤学部）。

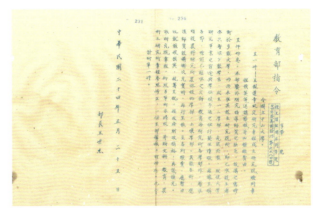

1935年5月25日，教育部关于中山大学改定研究章程成立研究院等情的指令（广东省档案馆藏）

教育研究所所址，首任所长为庄泽宣

农科研究所所址，首任所长为黄枯桐

1937年6月1日，中山大学研究院第一届硕士学位考试员生合影

文科研究所所址，首任所长为吴康

⬤ 研究院第二届研究生江应樑的研究生证

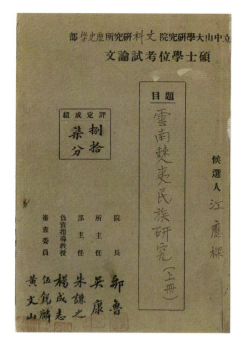

⬤ 江应樑的硕士学位考试论文

⬤ 20世纪30年代，梁伯强教授购置使用的德国造尸解手术器械

⬤ 病理学研究所所址。1942年该所升格为中大研究院第四个研究所，首任所长为梁伯强。下设病理学部

·增设部属师范学院

1938年教育部令国立中山大学设立师范学院，下辖教育、公民训育、国文、英文、史地、数学、理化、博物等八个学系，为当时部令设立师范学院的五所国立大学（还包括国立西南联合大学、国立中央大学、国立浙江大学、国立西北联合大学）之一。

1938年，学生在师范学院楼前留影

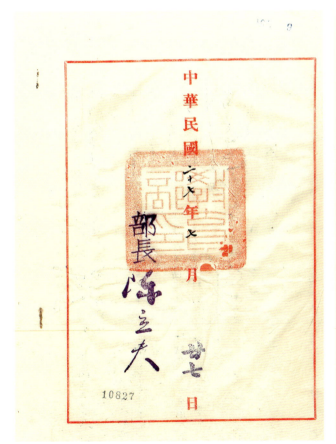
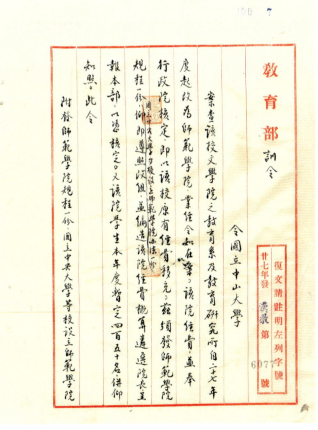

1938年7月，教育部令国立中山大学设立师范学院（广东省档案馆藏）

· 创办工学院

1934年，中山大学正式成立工学院，并于1938年接收勷勤大学工学院。

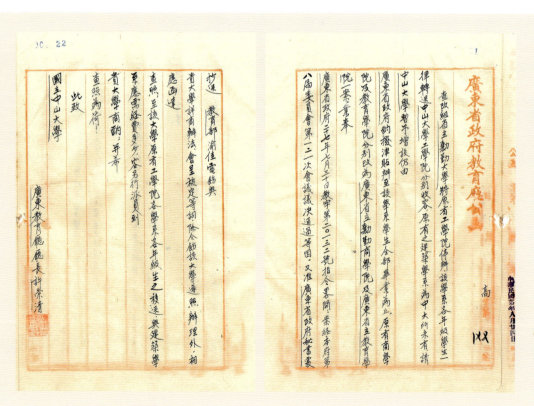

《广州民国日报》报道，1934年中山大学工学院成立，下设土木工程、化学工程、机械工程、电气工程四学系

工学院实习工厂

《工学季刊》创刊号

1938年8月，广东省立勷勤大学的工学院并入中山大学工学院（广东省档案馆藏）

陆 "抗日大本营"

1931—1938年，中山大学全校上下抗日气氛浓烈，率先提出和实践备战教育理论，开展形式多样的抗日活动，在国内外产生广泛影响，被日本人视为"抗日大本营"。

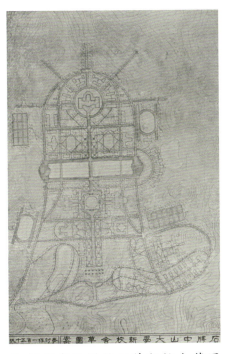

❶ 杨锡宗绘制的石牌新校舍草图案。总体呈"钟"形布局，隐喻"九一八"事变后，国难当头，警钟长鸣（图源《国立中山大学二十一年度概览》）

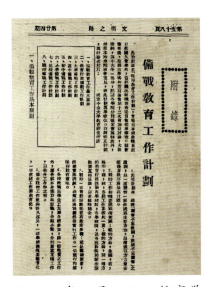

↷ 《湖北教育厅公报》载，1932年锦州失陷后，学校提出课程战争化，改授炸药制法、战时经济支配，加紧练习救护方法等

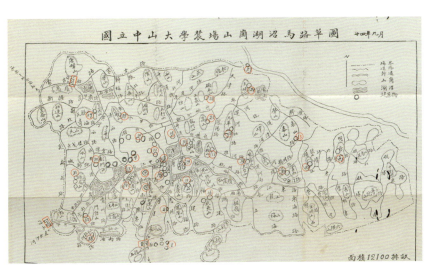

❶ 石牌新校校内有道路62条、山岗72座、湖泊6个，皆以中国地理事物命名，"以使学生悠然而生爱国之情"

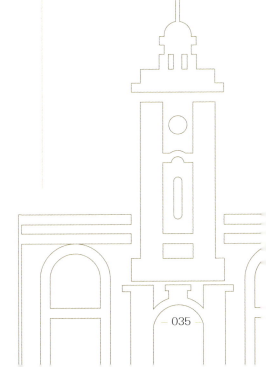

❶ 1935年12月15日，教育学研究所提出《战时教育工作计划》，后修正为《备战教育工作计划》。此后，各学院结合自身专业优势和特点开设各类与战争有关的课程，积极实施备战教育

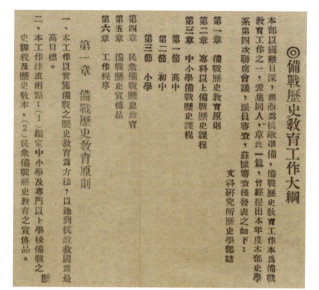

◎《国立中山大学日报》载，1935年病理学研究所增授军用毒气病课

◎ 1936年文科研究所历史学部制定《备战历史教育工作大纲》，在校内外产生了热烈反响。图为《国立中山大学日报》刊登的《备战历史教育工作大纲》（部分）

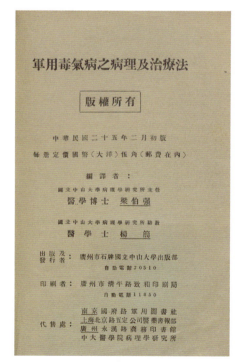

◎ 1936年病理学研究所专门编译《军用毒气病之病理及治疗法》

◎ 1935年12月12日，为响应"一二·九"运动，中山大学3000多名学生举行抗日示威游行

◎ 国立中山大学抗日先锋队合影

◎ 国立中山大学北上服务团捐赠的救护车

1937年8月起,日寇对广州进行多次轰炸。1938年5—6月,更展开针对文化机关的连番突袭,中山大学校园即多次遭受轰炸,损失惨重。

学校被轰炸后室内狼藉情状

被轰炸后的石牌校园景象

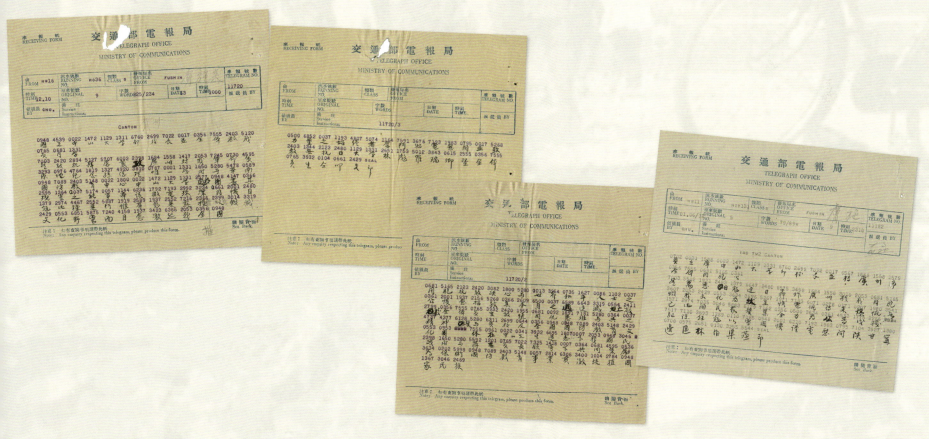
1938年6月,国立中山大学遭受日寇轰炸后,收到陕甘宁边区政府主席林伯渠及抗日军政大学校长林彪、副校长罗瑞卿发来的慰问电

柒 流离迁移，烽火弦歌

1938年10月，广州沦陷，学校被迫四迁校址，颠沛流离，但积极开展在地化科研，服务战时社会。

·首迁罗定

抗战期间，学校遭受数次轰炸，自1938年起即着手觅址迁校、护送图书仪器。

① 1938年1月5日，学校为派员到罗定县勘察迁校地址等事致函该县县长

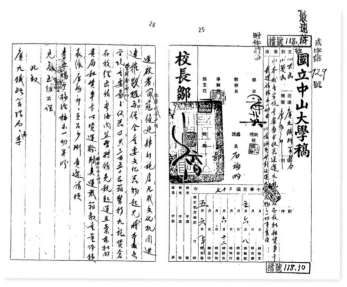

② 1938年5月6日，国立中山大学致函广九铁路管理局商议本校各学院重要图书仪器迁运九龙货仓存放事宜

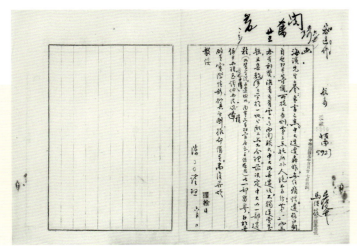  

○ 1938年6月,学校与教育部就中大迁校及地点问题进行多次往复公函讨论（中国第二历史档案馆藏）

○ 学校在罗定觅定可资办学地点一览表（广东省档案馆藏）

○ 1938年,学校拟订迁香港、广西、罗定等地方案。但直到广州沦陷时,才仓促迁往罗定。图为罗定学宫,曾作中大学生校舍

○ 1938年10月17日,学校发布的关于拟定迁校程序举要公函

○ 1938年10月18日,学校紧急发布关于迁往罗定的搬迁时间、搬迁秩序与押运办法

· 西迁澄江

1938年底，国立中山大学拟迁广西龙州。后经吴信达、邓孝慈引介，并得云南省政府同意，学校分三路迁往澄江，在县城内外分散办学。

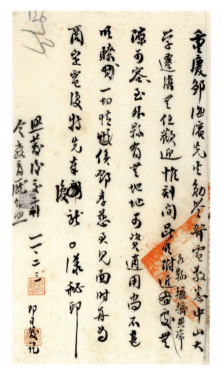

1938年11月23日，云南省政府龙云主席就中山大学迁滇事宜函复邹鲁（云南省档案馆藏）

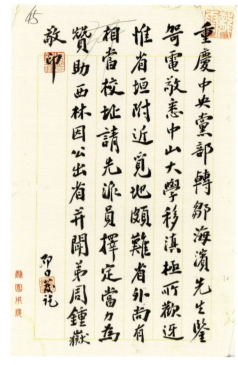

1938年11月，周钟岳函复邹鲁校长有关校址觅地困难等情（云南省档案馆藏）

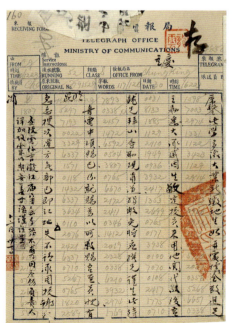
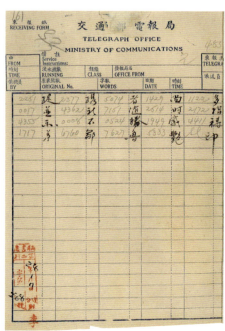

1938年12月29日，邹鲁校长致电云南龙云主席，请赐指定澄江为校址（云南省档案馆藏）

云南省澄江县远眺图

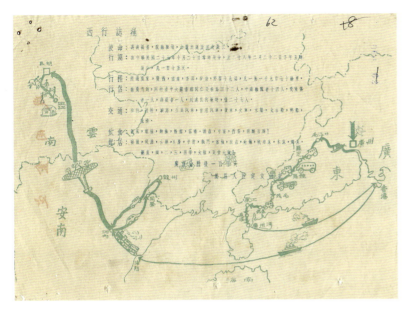

《西行志痛》迁校图（图书馆主任杜定友1939年绘）

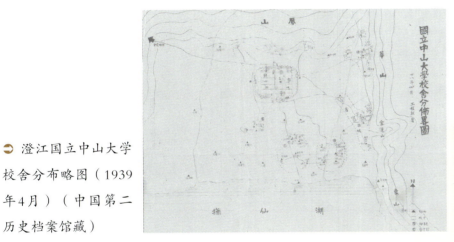

澄江国立中山大学校舍分布略图（1939年4月）（中国第二历史档案馆藏）

研究院办学旧址（文庙）

理学院办学旧址（层青阁）

医学院办学旧址（关圣宫）

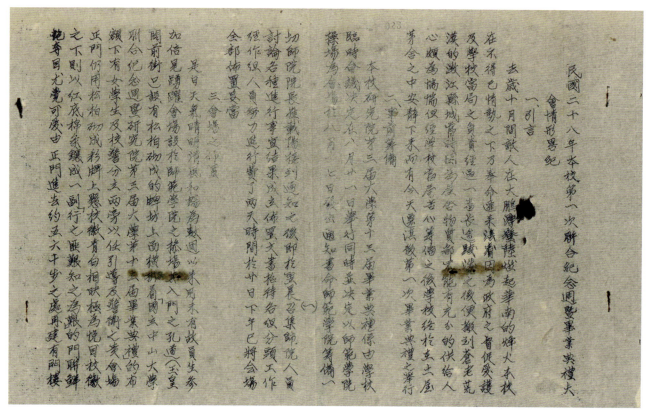

1939年8月21日，学校迁澄后举行第一次联合纪念周暨研究院第三届、本科第十三届毕业典礼（广东省档案馆藏）

学生在图书馆阅读

1940年，国立中山大学历史学系学生考察昆明彝族合影

第一篇章 中山手创

❶ 国立中山大学历史学系1940年毕业师生合影于澄江文庙（前排左二为江应樑、左三为鲁默生，二排左为罗香林、右为杨成志，三排左为吴宗慈，四排左为陈安仁，后排左四为朱谦之、左五为毕业生梁钊韬、左六为吴康）

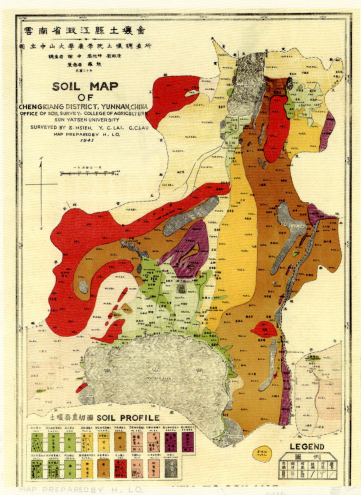
❶ 云南省澄江县土壤图（农学院土壤调查所1941年绘制）

❶《国立中山大学兼办社会教育工作人员手册》封面（1939年）

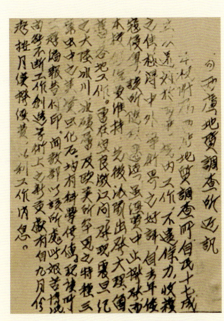
❶《国立中山大学日报》报道学校地质工作队在宜良、澄江间发现震旦纪冰层及特种三叶虫等

❶ 何春荪《云南澄江县东山磷矿地质》中，提及中大地质系教授在澄江帽天山一带发现并鉴定下寒武纪三叶虫化石，为澄江动物化石群发现之先声

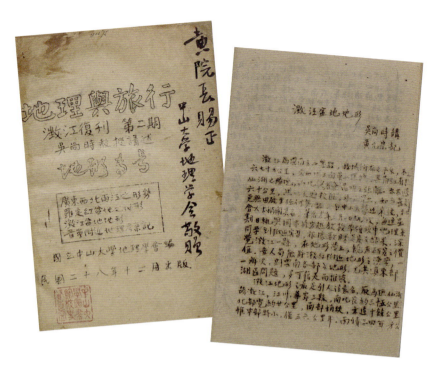

❶ 吴尚时发表《澄江盆地地形》（《地理与旅行》）

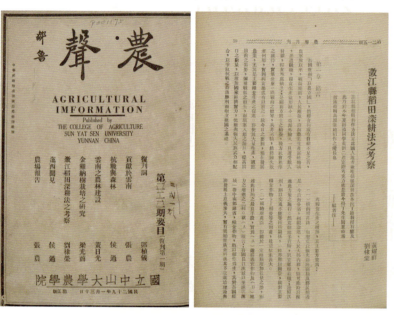

❶ 黄耀祥、刘棣棠发表《澄江县稻田深耕法之考察》（《农声》）

❶ 蒲蛰龙发表《云南澄江白粉蝶幼虫细菌防治之初步试验》
（《中山学报》）

❶ 梁瓯第发表《凉山倮㑩的社会及其教育》
（《中山学报》）

· 回迁粤北及湘南

1940年8月,为助粤省抗战与建设,在代理校长许崇清主持下,学校从澄江回迁粤北,烽火逆行,跨广东乐昌、乳源与湖南宜章两省三县办学。

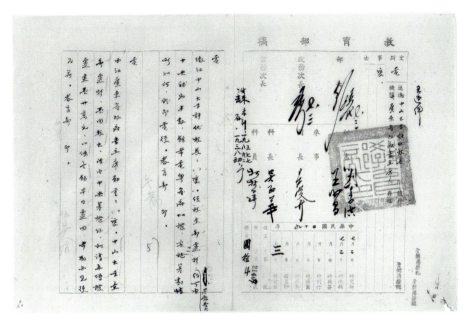

1940年7月,教育部发密电,令国立中山大学全部搬迁回粤(中国第二历史档案馆藏)

1940年11月,教育部令国立中山大学回迁粤北,第十二集团军派运输车协助迁校(广东省档案馆藏)

国立中山大学将在澄江的二十余所自建房舍捐赠澄江县政府(云南省档案馆藏)

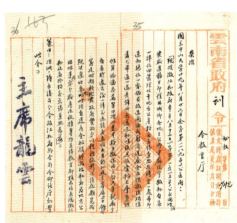

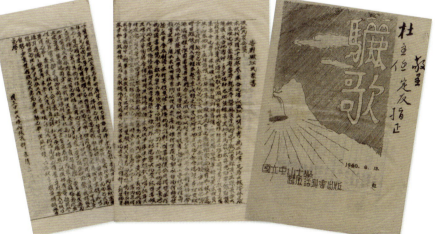

国立中山大学刊印《骊歌》作为离开澄江纪念,许崇清作《告别澄江民众书》一文

1940年9月,国立中山大学迁校委员会为便利师生东迁粤北、湘南,特编写《昆明至南雄旅途须知》(手抄本)作为指南

校本部在乐昌县坪石镇

乐昌县城中大医学院校舍照片（李约瑟摄）

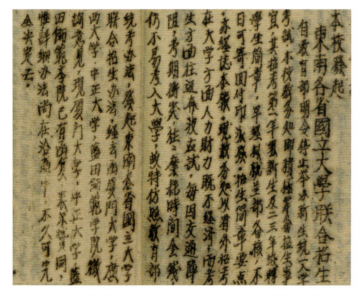
1941年，中大发起与厦门大学、中正大学等东南各省国立大学联合招生。次年，教育部指定中大为粤桂区招生召集学校（《国立中山大学日报》）

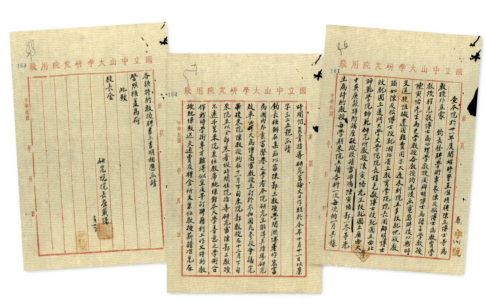
1942年，研究院聘陈寅恪、雷沛鸿、郭一岑等为国立中山大学特约教授（广东省档案馆藏）

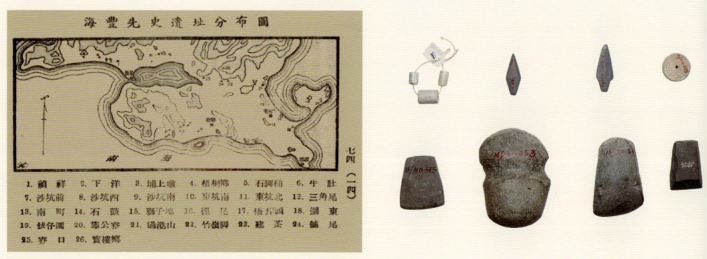
1942年，杨成志带队前往海丰一带考古，采集到千余件石器、陶片，证实粤东沿海有史前居民生活，打破"广东无文化，土人皆蛮族"的旧观念。右侧为该次考古采集的部分标本

1944年，王亚南（前排正中）与法学院经社师友合影

工学院学生在桥梁模型旁合影（李约瑟摄）

丁颖（二排左六）与农学院第十五届毕业生在湖南宜章栗源堡合影（1941年）

1944年下半年，中共中山大学地下党组织动员两百余名进步同学参加东江纵队。图为校友、东江纵队司令曾生（右二）与获救美军飞行员克尔合影

《国立中山大学二十周年校庆纪念暨响应知识青年从军运动特刊》封面（1944年）

·散迁粤东及粤西北、湘南

1945年1月,广东战时省会韶关沦陷,国立中山大学迁至粤东及粤西北、湘南等地分散办学。

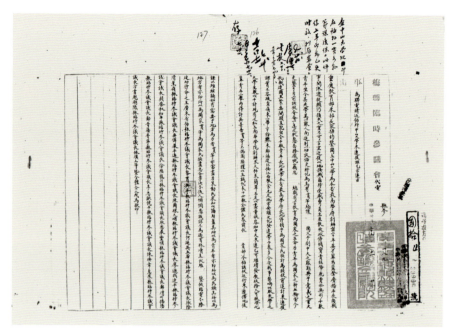

➲ 粤东十五县电请教育部将国立中山大学尽快迁来粤东的函(中国第二历史档案馆藏)

↥ 1945年6月,国立中山大学第十九届工学院毕业生在兴宁望江狮合影

↥ 1945年,国立中山大学在梅县金山顶县立图书馆设办事处

↥ 1945年,国立中山大学第十九届医学院毕业生在梅县合影

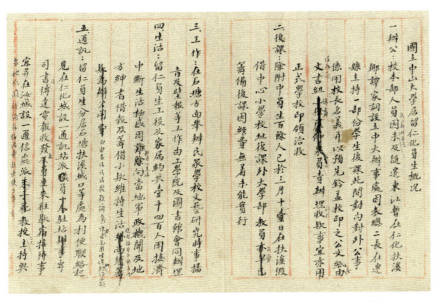

1945年国立中山大学居留仁化员生概况（广东省档案馆藏）

1945年，中大在湖南汝城储能小学设通信处，部分师生及与中大合作办学的中华文化学院迁至汝城殿华村办学。图为中大汝城通信处旧址

《国立中山大学连县分教处组织章程》（广东省档案馆藏）

捌 复员广州，恢复秩序

抗战胜利后，分散在粤东、粤西北以及湘南的师生员工陆续返穗，收回校园、修缮校舍、追回图书仪器，延聘名师，新设专业，逐渐恢复学校秩序。

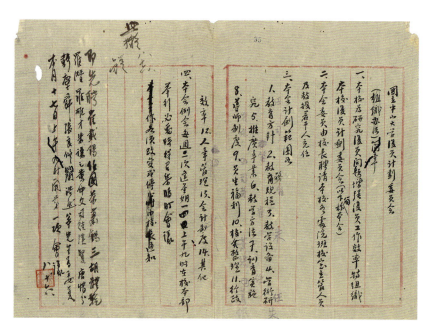

🢂 1945年，国立中山大学设立复员计划委员会。图为《国立中山大学复员计划委员会（组织办法）简章》（广东省档案馆藏）

1945年10月，分散在粤东各县的师生员工，大部在龙川老隆码头登船，经惠州转坐汽车，至东莞樟木头乘火车回到广州。

🢂 老隆码头

樟木头火车站

一部分中大及岭大潮籍复员师生员工从汕头出发，不幸的是，其乘坐的"祥发""祯祥"号轮船在中途沉没，约60人遇难。

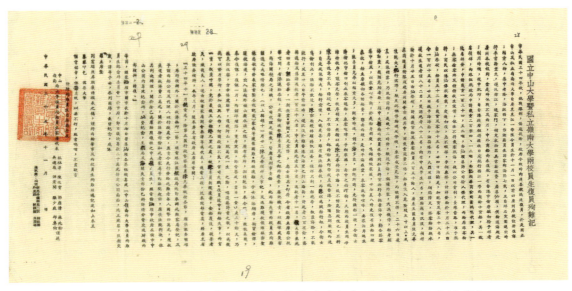

《国立中山大学暨私立岭南大学两校员生复员殉难记》（广东省档案馆藏）

此次殉难员生中，有来自汕头宝陇的林氏三姐弟，其家属撰文刻碑，以志悼念。左图为林本真题"碧海珠沉"。右图为谭泽闿题"国立中山大学校讲师教育学士蕙仙、工学院修业士械、医学院修业士朴 林先生复员殉难纪念碑"

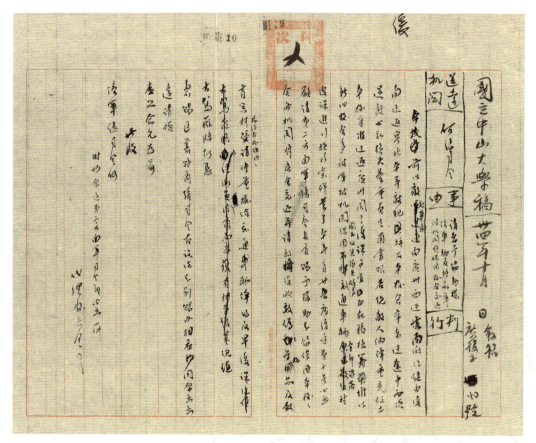

1945年10月,国立中山大学要求陆军总司令部令各军政机关交还占用的校舍(广东省档案馆藏)

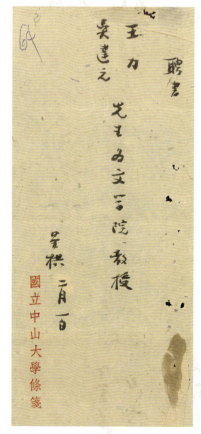

复员广州后,王力、杨树达、刘节、朱师辙、商承祚、岑仲勉、王星拱、张云、徐贤恭、陈可忠、潘钟祥、萨孟武、史尚宽、蔡乐生、陈一百等来校任教。图为王力、吴达元聘书(广东省档案馆藏)

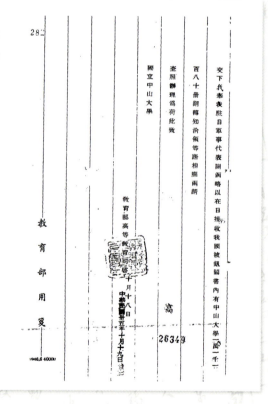

1946年10月,教育部请国立中山大学洽领在日本接收的我国被劫图书中与中大有关的图书的函(中山大学档案馆藏)

○ 1946年，国立中山大学设立国内首个语言学系，岑麒祥为主任。图为《本校创设语言学系之旨趣》（《国立中山大学日报》）

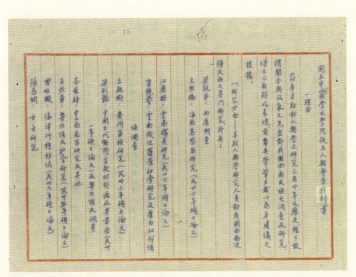

○ 1948年，国立中山大学创设人类学系，杨成志为主任。图为设系计划书（广东省档案馆藏）

○ 1947年12月，天文系主任张云教授在美国哈佛大学讲学期间，发现一颗新变星，时人评价为"我天文学者在国外无上荣誉"（《申报》）

玖 关注台湾，重视南海

国立中山大学对国家权益等重大战略问题一直保持高度关注。学校利用地利与渊源之便，长期以台湾、南海及海南岛等为考察研究对象，助力建设光复后的新台湾，维护南海权益，推动海南岛开发。

·考察台湾，建设台湾

中大自成立以来，一直重视台湾的社情文化研究，渊源深厚。图为1928年谢云声编辑的《台湾情歌集》

 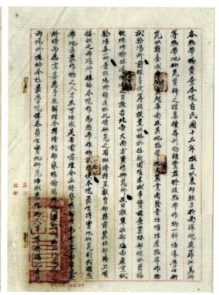 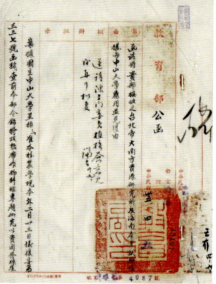

1946年，国立中山大学向教育部申请接收海南岛的日敌台北帝国大学南方资源研究所及军政部海南产业试验场（台北"中央研究院"近代史研究所档案馆藏）

1946—1949年中大师生前往台湾考察、实习情况表（部分）

学院	时间	团体或个人	地点	内容
农学院	1946年	农学院森林学系徐燕千、王健生	台湾各地	调查台湾省林业
	1946—1947年	农学院森林学系教授蒋英	台北	考察台湾植物分类学研究，及协助台湾林务当局发展业务
	1946—1947年	农学院森林学系教授侯过	台湾各地	考察台湾森林资源及管理情况
	1948年	农学院森林学系学生5人，由罗涉鉴教授率领	罗东、台中、嘉义、高雄、台南等地	实习、参观各林场山林管理所、有关农林机关、工厂等
	1948年	农学院畜牧兽医系犇社学生，由刘荣基教授率领	台湾各地	考察学习
法学院	1948年	法学院政治系应届毕业生台湾政治访问团，由雷荣珂、万仲文教授率领	台湾各地	收集台湾政治参考资料、图表、书刊，台湾文物、特产、工艺品
	1948年	法学院经济系台湾考察团，由吕调阳教授率领	台北、台中等地	考察台湾企业、单位，搜集各项经济资料
师范学院	1948年	师范学院教育系应届毕业生教育考察团	基隆、台北、台中等地	参观学校及社教机关，出席台湾全省第一届教育会议
工学院	1948年	工学院化工系四年级黄福江6人	台湾各地	工厂实习、参观有关机关
	1948年	工学院机械工程学系三年级学生	台北、基隆等地	考察有关工业、参观各大工厂、洽谈实习事宜
	1948年	工学院土木工程学系三年级学生	台湾各地	实习考察、参观各大规模矿厂及工程
医学院	1949年	医学院应届毕业生	台湾空军医院、省立医院	毕业实习
理学院	1948—1949年	理学院生物系四年级学生，由吴印禅教授率领	台湾各地	调查及采集海洋生物标本

🔸 1948年，国立中山大学师范学院副教授刘仑赴台湾考察所作系列风情画

 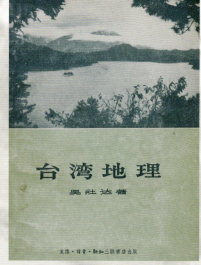

🔸 中大校友吴壮达著《琉球与中国》《台湾地理》，后一书中有关日月潭的内容，被改编收入小学语文教材（人教版）

· 注重南海主权与研究

国立中山大学一直关注南海西沙问题，20世纪三四十年代在南海诸岛进行了多次研究与实地考察。

🔅 1937年，国立中山大学文科研究所与岭南大学西南社会调查所合组海南岛黎苗考察团，赴琼崖黎境进行实地考察。中大教授杨成志担任团长，研究生王兴瑞、江应樑等参加。图为考察所摄黎人社会生活照

🔅 《琼农》月刊

🔅 《海南岛之产业》书影

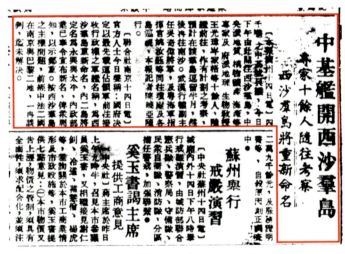

🔅 1947年4月15日，《新闻报》载国立中山大学教授王光玮、岑家梧等专家前往西沙群岛考察

🔅 1947年4月，国立中山大学讲师张宏达在西沙群岛采集的植物标本

🔶 1947年，国立中山大学奉国民政府内政部命令，详细查报南沙群岛主权应属中国史实依据。1948年，地理学系教授王光玮经过缜密研究，发表《我国领有南沙群岛之根据》论文

拾 护校运动，迎接解放

解放战争时期，国立中山大学被誉为"华南民主堡垒"。师生在校园内外掀起了以护校为重要内容的爱国民主运动，投身到华南解放浪潮中，奔赴游击区与解放区迎接新中国的曙光。

○ 1947年初，"中山大学爱国民主运动协会"（爱协）成立，后该组织范围扩大并改名为"广州爱国民主协会"，领导了广州学生界爱国民主运动。图为爱协成员与进步学生合影

1947年5月31日，为反内战、争生存，国立中山大学学生联合广州大、中学生三千余人示威游行。队伍遭暴徒袭击，中大学生四十余人负伤，史称"五·卅一"惨案。

○ "五·卅一"惨案次日，军警进入中大石牌校区大肆逮捕进步师生

○ 中大学生工作委员会编写《血债："五·卅一"纪念手册》

○ 1949年2月6日，据《华商报》报道，八成以上师生在民意调查中反对迁校，开始反迁校运动

🔸 1949年7月23日，为镇压进步教职员生，并再次迫使中大搬出广州石牌、平山堂，迁往海南岛，当局入校逮捕百余人

🔸 1949年5月，师范学院毕业生梁田由地下学联派往中山五桂山游击区担任连队文化教员，成为国立中山大学师生奔赴华南解放前线与后方的代表之一。图为梁田在五桂山游击队工作场景

🔸 1949年10月1日，中大进步教授在香港刊印《新教育》，宣传新民主主义教育理论，郭一岑（主编）、许崇清、王越、吴江霖等参与编辑

🔸 1949年10月，港九教育界人士举行了庆祝广州解放、新中国成立大会。国立中山大学教授郭一岑、王越等在会上发言（香港《大公报》）

历任校长、代校长
— 1924年6月至1949年10月 —

邹　鲁（校长）	1924年6月至1925年11月	金曾澄（校长，未到任）	1930年12月至1931年6月
褚民谊（代校长）	1925年2月至6月	许崇清（校长）	1931年6月至1932年1月
顾孟余（校长，未到任）	1925年11月至1926年6月	邹　鲁（校长）	1932年1月至1945年9月
陈公博（代校长）	1925年11月至1926年2月	许崇清（代校长）	1940年4月至1941年7月
褚民谊（代校长）	1926年2月至9月	张　云（代校长）	1941年8月至1942年5月
戴季陶（校长）	1926年6月至10月	金曾澄（代校长）	1942年5月至1945年9月
经亨颐（代校长）	1926年8月至9月	王星拱（校长）	1945年9月至1948年7月
戴季陶（委员长）	1926年10月至1927年6月	张　云（校长，未到任）	1948年7月至9月
戴季陶（校长）	1927年6月至1930年9月	陈可忠（代校长）	1948年7月至9月
朱家骅（副校长）	1927年6月至1930年9月	陈可忠（校长）	1948年9月至1949年6月
朱家骅（校长）	1930年9月至12月	张　云（校长）	1949年6月至10月

叠翠流光
中山大学百年足迹

第二篇章

CHAPTER 2

人民中大

新中国成立后,中山大学迎来一个全新的发展阶段,积极响应国家工业化建设及人民在教育、文化、医疗卫生诸方面的迫切需求,与国家共命运,与人民同呼吸,扎根中国大地,探索教育与国家战略、社会实践,尤其是与生产劳动的结合之道,开展有组织科研,勇攀科学高峰,锻造红专新人。一所「人民新中大」,矗立于南国大地。

壹

革故鼎新,人民新中大

1949年10月,广州解放前夕,中国共产党提前接管中山大学。中山大学在组织架构、办学理念、办学制度与办学目标上迥然不同于旧中国时期的国立中山大学。这是以人民为中心的、服务于社会主义建设的、全新的中山大学。

· 迎接解放

1949年10月2日,中国人民解放军广州市军事管制委员会主任叶剑英、副主任赖传珠发布命令,任命李凡夫为接管国立中山大学军管代表。

1949年11月2日,李凡夫在正式接管国立中山大学的全体师生大会上说:"不光是恢复学校,而且要进一步地有计划有步骤地进行改革,使之真正成为人民的大学。"

李凡夫

军管会任命李凡夫为接管国立中山大学军管代表

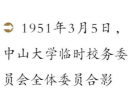
1949年11月11日,值国立中山大学成立25周年,我校师生上街庆祝广州解放大巡行

1951年3月5日,中山大学临时校务委员会全体委员合影

・从国立中山大学到中山大学

国立中山大学被接管前夕，其关防被原校长张云携走，校方不得不自刊木质"国立中山大学关防"，并于1950年1月9日启用。

1950年9月12日，教育部发布《关于各级学校名称概不加国立、省立、县立字样的通知》，国立中山大学因此更名为"中山大学"。1950年11月6日，我校布告正式启用"中山大学印"。

国立中山大学关防印鉴式样

中山大学印

1950年1月9日，启用新"国立中山大学关防"印；1950年11月6日，正式启用"中山大学印"

我校举行第一届校务委员会第二次会议

·《人民中大》创刊

1950年7月1日，校报《人民中大》创刊。临时校务委员会副主任王越撰代发刊词《对于人民中大的期望》。发刊词称："《人民中大》的刊行，不特意味着中大是在人民的手中；而且意味着伟大的中国是在人民的掌握中。在此人民的世纪，一个大学，倘使要完成其应有的任务，发挥其应有的作用，那末，它必须是人民的大学，它必须掌握大众的方向。"

《人民中大》创刊号

·中山大学党支部公开

1951年4月19日，中国共产党广州市中山大学支部举行公开大会，冯乃超任首届党支部书记。《人民中大》称此为"人民中大空前未有的大喜事"，寄望"全体中大人都紧紧地团结在党的光辉的旗帜下，群策群力，来办好人民新中大！"

1951年4月24日，《人民中大》报道中共广州市中大支部公开

· 确定校庆日

我校自其成立之日起便以孙中山先生诞辰作为校庆日。1951年11月11日，许崇清校长、冯乃超副校长致电宋庆龄副主席，决定从1951年起将我校校庆日改为11月12日（孙中山先生真实诞辰为11月12日，而非11月11日），宋庆龄回电表示赞成，并鼓励我校"大力教育培养建设人材，为建设富强美好的新中国而斗争"。

↑《人民中大》刊载宋庆龄回电，同意以中山先生诞辰为校庆日

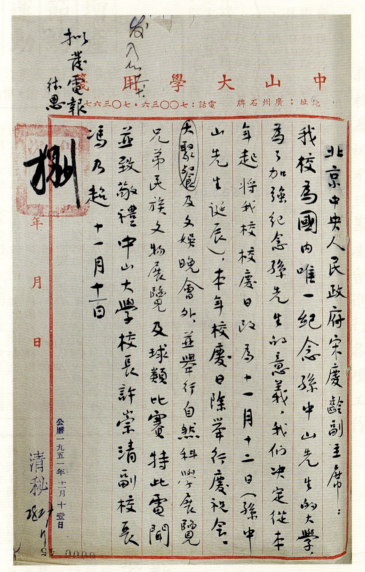

↑ 1951年11月11日，许崇清校长、冯乃超副校长致中央人民政府宋庆龄副主席电文（中山大学档案馆藏）

· 许崇清校长

许崇清,广东广州人,中国著名马克思主义教育学家。1905年至1920年留学日本,毕业于日本东京帝国大学,曾加入孙中山先生领导的中国同盟会,一度回国参加辛亥革命。

许崇清是孙中山签发公布的《大学条例》的起草人,三次担任中山大学校长,分别为1931年6月至1932年1月、1940年4月至1941年7月(代理校长)、1951年2月至1968年9月。1951年1月3日,政务院第65次政务会议通过、中央人民政府委员会批准,并由毛泽东主席任命许崇清为中山大学校长;2月20日,中央人民政府委员会第11次会议通过这一任命。

1951年3月5日,中山大学许崇清校长和冯乃超副校长到校视事

中央人民政府任命中大校长通知书

国立中山大学被接管后,校长缺位达一年之久。1950年7月23日,叶剑英向周恩来总理请示,请求中央速发明令,派许崇清、冯乃超来校任正副校长。1950年11月26日,邓子恢就我校领导问题请示中央,请示文件指出"华南分局中南教育部屡次在京要求解决,延迟一年迄今未决",请中央加快任命许崇清、冯乃超为我校领导并到校领导工作。1950年12月6日,中央同意以许崇清为中山大学校长,冯乃超为副校长。

20世纪50年代,许崇清(右)在中山大学北校门迎接外宾

· 冯乃超书记

冯乃超,广东南海人,出生于日本横滨,1927年回国参加革命,1928年加入中国共产党。1950年9月,任中央人民政府人事部副部长、政务院文化教育委员会党委书记。1951年2月,经周恩来总理批准、毛泽东主席任命,冯乃超为中山大学副校长。1956年6月,中山大学党委成立,冯乃超任第一书记,直至1975年4月,离任赴京养病。冯乃超书记在任期间,深得广大师生拥戴。

冯乃超

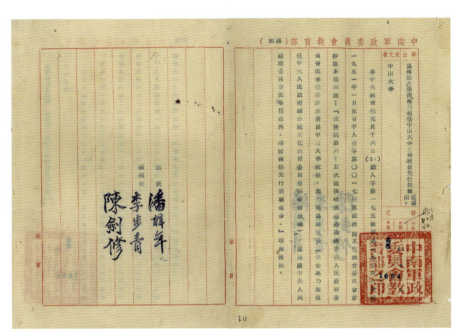
中南军政委员会教育部关于许崇清、冯乃超任中大正、副校长的通知(中山大学档案馆藏)

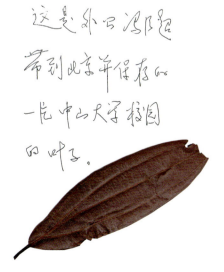
冯乃超离开中大时带到北京保存的一片中大校园里的树叶

1960年7月,冯乃超(右二)、陈序经(右一)参观生物系学生自制的大脑神经教学模型

· 抗美援朝

1950年6月，朝鲜战争爆发。1950年7月10日，"中国人民反对美国侵略台湾朝鲜运动委员会"成立，抗美援朝运动自此拉开序幕；10月，中国人民志愿军赴朝作战。

1951年1月起，我校分九批次派出医学院抗美援朝手术队（白求恩战斗队）共39人、两批次派出外语系翻译人员共13人，并输送上百名学生光荣入伍，奔赴朝鲜前线。

1951年1月，中山大学师范学院教育系一年级同学送别10位积极响应抗美援朝运动光荣参军的同学（前排戴大红花者）

1951年1月，中山大学医学院李国材（右一）、吴梅珍（右二）、刘凤影（右三）乘马车跨过鸭绿江赴朝鲜三登前线

中山大学参加抗美援朝医疗手术队工作人员名表（中山大学档案馆藏）

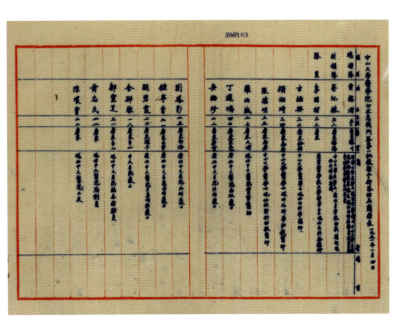

1951年1月4日中山大学医学院白求恩战斗队第一批援朝手术队姓名简历表（中山大学档案馆藏）

1951年抗美援朝奖章和纪念章（左：1951年抗美援朝三等功奖章，全国政协发；中：1951年抗美援朝过江奖章，朝鲜发；右：1951年抗美援朝纪念章。均由吴梅珍提供）

中山大学在院系调整中调入一批著名教授，包括陈寅恪、陈序经、梁方仲、姜立夫、高兆兰、容庚、郑曾同、董每戡、戴镏龄、杨荣国、罗克汀、陈竺同、梁宗岱等，加强了我校文理各科实力。

1952年10月，哲学系主任朱谦之（前排中）率领师生19人转赴北大

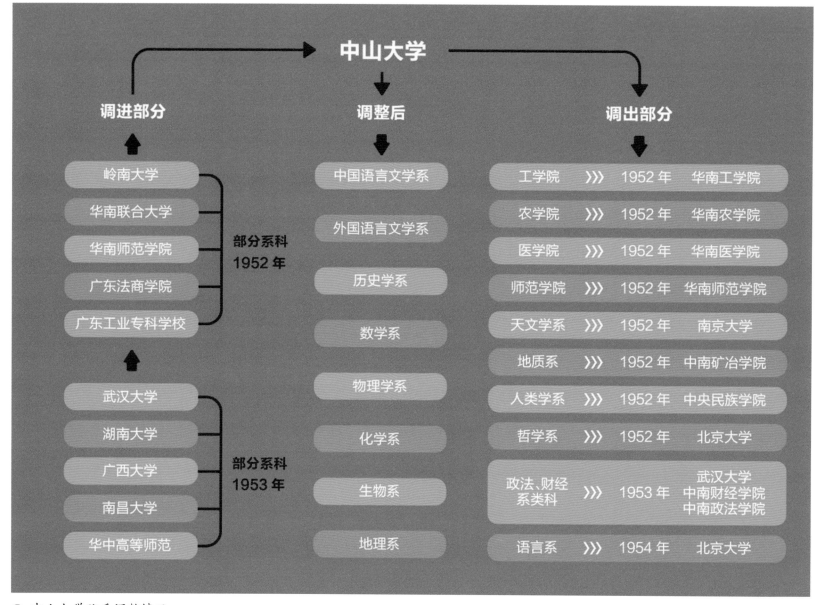

中山大学院系调整情况

陈寅恪

陈寅恪，江西修水人，中国现代著名历史学家。1949年到岭南大学任教，1952年院系调整后，任中山大学历史系教授。在中山大学完成重要著作有《论〈再生缘〉》、《钱柳因缘诗证释稿》（后更名为《柳如是别传》）、《寒柳堂记梦》、《金明馆丛稿》等。1956年春，国务院副总理陈毅在广东省省长陶铸陪同下视察中山大学，并登门看望陈寅恪。

陈寅恪晚年失明，我校为此将其寓所前小道刷成白色，方便其户外散步。1962年7月11日，陈寅恪不慎跌断腿骨，随即送至中山医学院附属第二医院治疗。1963年1月22日，陈寅恪出院后，学校派出三个护工日夜照顾。1963年3月28日，校长专门报告请示广东省政府有关部门为陈寅恪拨专款购买若干进口药物。陈寅恪曾作诗曰："余年若可长如此，何物人间更欲求。"

🔊 陈寅恪夫妇在寓所门前白道散步

🔊 1952年，中山大学三位新调入的一级教授陈寅恪（中）、姜立夫（右）、陈序经（左）在广州中山纪念堂前合影

· 迁址康乐园

院系调整后，中山大学从广州东郊石牌迁入南郊康乐村原岭南大学校址。1952年11月3日，中山大学院系调整筹委会通知各系工作组召集人于11月4日前往康乐村新址参加新生学习班开幕典礼。11月8日，筹委会总务组报告"石牌移交工作大致完成"。11月24日，各系正式开始上课，并于25日举行开学典礼。

20世纪50年代中山大学北校门（正门）

20世纪50年代中山大学北门码头

部分师生从石牌迁到康乐园合影

·"向工农大众开门"

崭新的人民中大"向工农大众开门",力求使工农成分学生在校比例至少占60%。据统计,从1953年到1959年,我校工农成分学生在校比例从17.4%上升到63.9%。

为保证工农成分学生顺利完成学业,人民中大积极贯彻人民助学金制度。1950年10月24日,我校发布《关于人民助学金评定工作的决定》;1954年9月8日,我校施行《中山大学人民助学金分配使用申请及发放办法》,规定"一般学生""调干学生""研究生""产业工人学生"人民助学金预算标准,分别为每生每月人民币旧币14万元、13万元、32万元、原工资的75%。对于经济特别困难的学生,可申请衣物补助,其品类包括棉衣、学生装、衬衣、文化衫、胶鞋五种。此外,还可申请借用蚊帐及棉被。

学生衣物领取登记

中山大学附属工农速成中学的同学们正在听老师讲课

贰 有组织科研

新中国成立后,国家制定以中国科学院为中心,高等学校和产业部门研究机构为基地,地方研究机构为重要组成部分的科学研究工作体制。

中山大学立足华南,积极对接国家战略需求,科研项目来自"全国一盘棋"的统筹安排与攻关协作,以及高校所在的地方社会经济建设需要,充分体现了有组织科研的特点。在专业与科研机构设置、科研项目与科研成果上,努力打通基础理论与生产实践,连接实验室与生产现场,突出团队协作。

· 开展科学报告讨论会

1954年6月9日,许崇清校长批准施行《本校科学报告讨论会筹备办法》,以"初步检阅我校科学研究成果,交流科学研究工作经验","明确科学研究工作结合教学、结合生产的方针"。科学报告讨论会定于每年11月12日(校庆日)举行。同年11月12日,举行第一次科学报告讨论会。科学报告讨论会延续到1986年,即中山大学62周年校庆期间举办的第十七次科学讨论会。

中山大学第一次科学报告讨论会

《中山大学学生科学研究》第一期(1958年)

·《中山大学学报》创刊

在科学研究的热潮中，我校于1955年3月创办《中山大学学报》，由历史学系杨荣国教授任创刊主编。1955年11月23日，中共中央办公厅秘书室致函我校，为毛泽东主席订阅两份《中山大学学报》，并购两份已出版的两期《中山大学学报》。我校复函奉寄并向毛主席赠送地理系讲师李见贤发明的绘图仪（后称"李见贤尺"）。

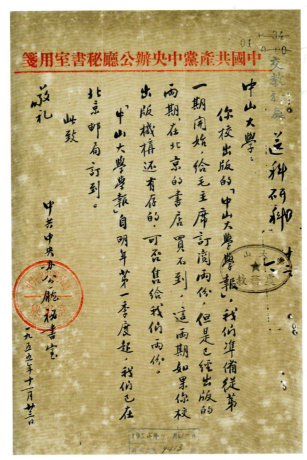

1955年11月23日，中共中央办公厅秘书室致函中山大学（中山大学档案馆藏）

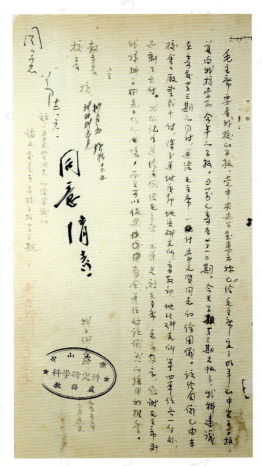

1955年12月5日，中山大学给中共中央办公厅的回信（中山大学档案馆藏）

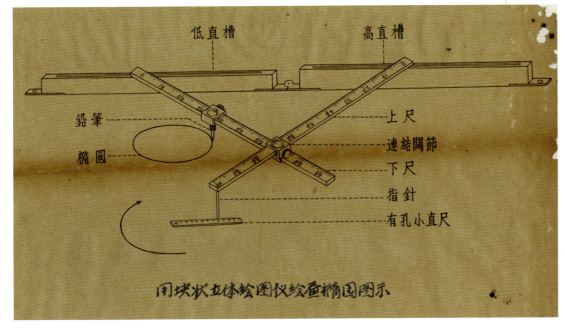

用李见贤尺绘画椭圆图示（中山大学档案馆藏）

· 试办海洋专业

1956年《中山大学十二年规划（修正稿）》提出在生物系增设海洋学专业。1960年我校创办海洋专业。1961年上半年撤销海洋学系，将各专业并入有关学系筹建开办，各海洋学科分别成立小组附设在有关教研室内，开展海洋物理、海洋化学、海洋水文、海洋气象、海洋生物、海洋地质等研究。

中山大学海洋学系1960级本科生学籍册（中山大学档案馆藏）

· 代表性科学研究项目

新中国成立之初，百废待兴。完成院系调整后的中山大学积极投身于国家工业化建设，深耕基础理论，聚焦经济建设和国防建设重大需求，专攻尖端科学技术，有组织地开展一系列科研活动。

20世纪60年代初，我校物理系参与教育部下达的重要科研任务——基本粒子理论研究；70年代初，我校与复旦大学、西北大学、兰州大学等高校协同中国科学院高能物理研究所开展规范场理论研究。物理系李华钟和郭硕鸿与中国科学院高能物理研究所冼鼎昌合作，在规范场领域开展创造性研究，得出经典规范场理论的严格解。该研究成果获1978年全国科学大会奖。

物理系李华钟（左一）、郭硕鸿（左二）等人正在进行学术讨论

根据国家科学发展十二年规划的任务安排，我校数学力学系和中国科学院应用数学研究推广办公室作为主要负责单位联合研究"两个自变数两个未知函数常系数二阶线性偏微分方程组"。从1962年10月开始，林伟、吴兹潜在著名数学家华罗庚的指导下，开展二阶偏微分方程组分类及定解问题研究，于1979年出版《二阶两个自变数两个未知函数的常系数线性偏微分方程组》。

数力系林伟（左）、吴兹潜开展二阶偏微分方程组分类及定解问题研究自20世纪50年代起，我国各级科研单位有组织地开展中国植被调查和植被区划研究。1974年，生物系张宏达提出具有原创性的"华夏植物区系理论"，发表《大陆漂移与有花植物区系的发展》《从印度板块的漂移论喜马拉雅植物区系的特点》《再论华夏植物区系的起源》等重要论文，为植物分类学研究作出重大贡献。

○ 生物系张宏达（右二）指导青年教师

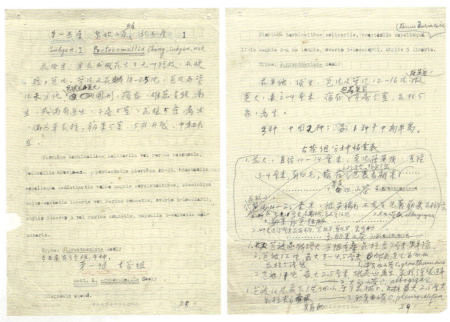

○ 张宏达通过大量文献研究和野外实地考察、标本考证，证明阿萨姆茶为中国原生茶种。1981年张宏达出版《山茶属植物的系统研究》一书，将阿萨姆茶正式定名为普洱茶

光学和光谱学及其应用研究是20世纪50年代国家重要科研领域。在周誉侃、高兆兰等人的接续努力下，物理系成立新中国第一批光学教研室（组），设置光谱学专门化。60年代初创建全国第一批红外光谱学实验室，相关产品不仅服务于理论物理研究，还应用于工农业生产。

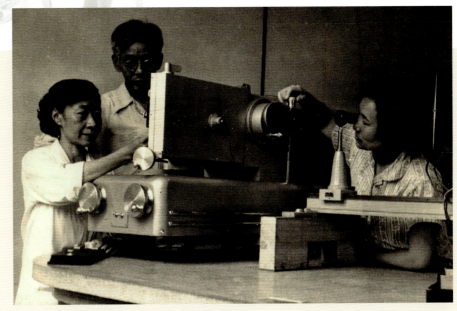

○ 物理系高兆兰（左一）开展光学和光谱学及其应用的研究

我校风洞实验室始建于1961年，面积为80平方米。此风洞属开口式直流风洞，配有三分力气动天平，不仅承担理论与应用力学专业的实验教学和科研工作，而且为国家海洋局海洋仪器检测、南海标准计量中心风速仪检定等提供专业支持与服务。数学力学系李惠兰、张涤明、陈建基等参与实验室设计和建设。1962年，钱学森院士应邀来数学力学系座谈并参观风洞，称赞"力学教研室能设计建造这么一座风洞不简单，了不起"。

20世纪60年代我校修建的开口式直流风洞

船模试验水池由我校与广东省航运局作为筹建单位，文冲船厂、新中国船厂、华南工学院等作为协作单位于1971年下半年动工兴建，1974年底建成并投入使用。船池全长156米，宽6米，后扩展至长204米，是当时国内唯一具有深、浅两个试验段的船池。其后，我校率先设计并制造安装可移动式深浅两用造波机，结束了造波机依靠进口的历史。数学力学系张涤明、龚伟民、孙明光等参与船池筹建及教学科研工作。截至1990年，船池为省内外造船、航运、水产、国防等系统先后进行18个系列250多个船模试验，试验范围包括华南沿海以及珠江、长江、黄河、松花江等水系。

20世纪70年代我校修建的船模试验水池

1972年中国科学院物理研究所牵头组织国内有关科研机构探测引力波,邀请我校物理系作同一子午线符合测量。1974年国务院科教组批准我校物理系引力波探测研究立项,并拨专款建设引力波楼、购置专用设备。1976年国家科委和教育部把引力波探测研究确定为国家重点研究项目,要求我校两年之内建成引力波探测站,与中国科学院高能物理所探测站进行两地(北京—广州)符合测量。1979年引力波实验楼建成并安装调试天线,为我国第一座可运转的大型引力波天线,其灵敏度位列国际同类天线前茅。

20世纪60年代起,我校化学系承担了国家《1963—1972年科学技术发展规划》部分化学学科研究项目。70年代中期,龙康侯领衔组建海洋天然产物化学研究室,带领曾陇梅等学者,率先开拓南海海洋天然产物研究,对南海珊瑚、海藻及近百种生物进行结构测定和药理试验,发现大批结构新颖并有强烈生理活性的新化合物。

🔺 化学系龙康侯与同事在一起讨论问题(左起:徐贤恭、龙康侯、陈志行、容庆新)

1967年5月23日,国家科委和解放军总后勤部在北京召开"疟疾防治药物研究工作协作会议"。会议决定组织国家相关部委、军队直属单位及10个省、市、自治区和有关军区的60多个科研单位、500多名科研人员在全国"523领导小组"统一组织管理下,针对热带地区抗药性恶性疟疾严重影响部队战斗力问题,开展防治药物研究,其标志性成果是发现抗疟新药青蒿素。

1973年至1976年,江静波负责"两广疟疾猴模研究协作组",其研究成果改变了长达半个世纪以来流行的人疟原虫不能在猕猴体内生存和繁殖的结论,受到国家科委、卫生部、中国人民解放军总后勤部和国家医药总局的联合表彰。

⤵ 20世纪70年代,江静波(左)在广西百色开展科研工作

🔺 物理系陈嘉言开展引力波研究

1972年物理系核物理教研室张纯祥、余正方、关祖杰等参加卫生部工卫所主持的"广东阳江天然放射性高本底地区调查研究",该项目获1978年全国科学大会奖。在1980年起第二阶段广东阳江高本底地区居民健康状况调查中,张纯祥等完成"天然放射性核素在土壤中的深度分布""氡、钍射气浓度与肺癌危险度的关系"等多个分课题。1985年"广东阳江天然放射性高本底地区调查研究"获卫生部甲级科学技术成果奖。

物理系张纯祥(左二)在阳江进行高本底地区居民辐射调查

20世纪50年代,头槽绦虫病(渔农俗称"干口病")为最严重的鱼苗病,越冬期鱼苗死亡率高达90%。廖翔华于1952年带领研究小组奔赴广东省南海县九江养鱼区,住进渔区窝棚,深入观察鱼苗病害,认为鱼苗死亡是由于病原体感染。他提出以预防为主的生物防治方法,大幅提高感染绦虫病的鲩鱼苗存活率。20世纪60年代起,廖翔华又开展"鲩鱼营养代谢和饵料研究",解决鲩鱼饲料短缺难题,研制出蔗糠蛋白颗粒饵料用以饲养鲩鱼,大大提升饲养效率。

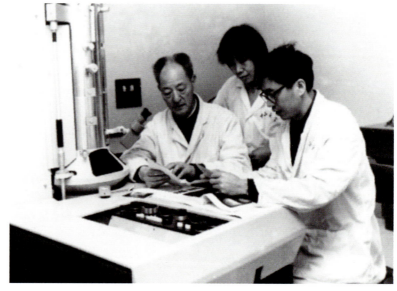

廖翔华(左一)在指导年轻教师开展鱼病研究

· 生物防治

作为国际杰出的昆虫学家，蒲蛰龙院士常年奔走在田间地头。20世纪50年代起，蒲蛰龙利用赤眼蜂防治甘蔗螟虫的研究取得成功，并将其推广到桂、闽、湘、川等省区。

⇨ 1959年蒲蛰龙（中）在顺德沙滘调查甘蔗螟虫

↑ 蒲蛰龙等科研人员在野外放养赤眼蜂时搭建的茅棚（戏称"放蜂庵"）

· 四会大沙水稻害虫综合防治

1973年起，为解决水稻种植区的虫害，蒲蛰龙及其团队到广东省四会县大沙公社，开展以生物防治为主的水稻害虫综合防治，通过以虫治虫、以菌治虫、养鸭除虫，化学农药用量降低了80%以上。1975年至1977年，此综合防治办法先后被运用于大沙公社6万亩稻田、肇庆地区10万亩稻田、四会县全域30万亩稻田。

⇨ 1974年蒲蛰龙（右三）与中青年教师、当地干部、技术人员在大沙田间查虫

1975年8月和1977年9月,美国害虫防治考察团和英国皇家学会害虫生物防治考察团分别来到四会县大沙公社,对以生物防治为主的水稻害虫综合防治办法给予高度评价。此后联合国粮农组织编写《水稻综合防治指导》一书,称"大沙的水稻综合治虫工作做得最好",是一个"模范的水稻综合治虫计划"。1991年,美国《有害生物综合防治实践者》(The IPM Practitioner)杂志报道蒲蛰龙生物防治的事迹,并称他为"南中国生物防治之父"。

鉴于蒲蛰龙在教学科研上取得的杰出成就,1980年9月12日,美国明尼苏达大学授予蒲蛰龙"明尼苏达大学优秀成就奖",并派该校农学院院长James Tammen前往北京,为蒲蛰龙颁发奖章及奖状。

蒲蛰龙作获奖致辞

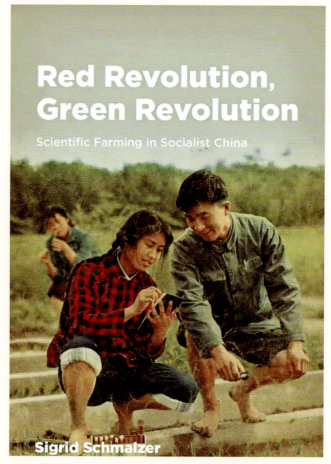

《红色革命与绿色革命》,芝加哥大学出版社2016年出版,作者舒喜乐(Sigrid Schmalzer)。此书第二章专门讨论蒲蛰龙教授作为人民科学家如何依靠群众发明技术、推广技术的过程。该书获得2018年"亚洲研究奖"

叁 一切为了人民健康

· 中山医学院历史沿革

为了使医学教育更好地适应我国医疗卫生事业的发展，卫生部于1952年7月对全国医学院校进行院系调整。1953年8月，中山大学医学院和岭南大学医学院合并组成华南医学院。1954年8月，广东光华医学院又并入华南医学院。1956年9月，华南医学院易名为广州医学院。1957年3月，为纪念孙中山先生，又更名为中山医学院。1985年经卫生部批准，中山医学院改为中山医科大学。2001年原中山大学和中山医科大学合并组建新的中山大学。

1952年9月10日，华南医学院建校委员会委员合影

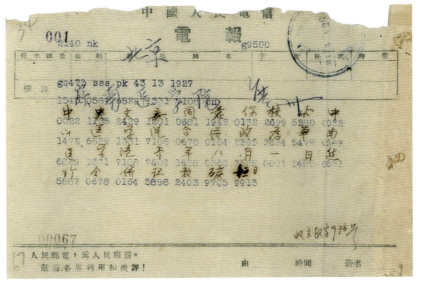

1953年5月13日，中央人民政府卫生部电报称，中央文化工作委员会同意岭南大学医学院与中山大学医学院于1953年8月1日合并为华南医学院（中山大学档案馆藏）

1953年8月12日，华南医学院举行成立典礼

华南医学院医本科1954年毕业班师生合影，这是中山大学医学院与岭南大学医学院合并为华南医学院后培养的首届毕业生

第二篇章 人民中大

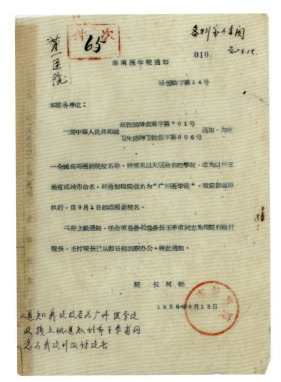

🔲 1956年9月，华南医学院易名为广州医学院（中山大学档案馆藏）

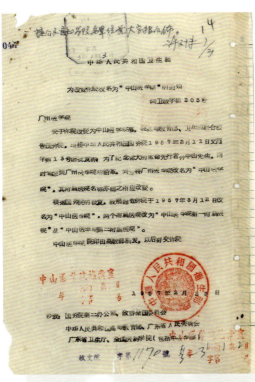

🔲 1957年3月，为纪念孙中山先生，广州医学院更名为中山医学院（中山大学档案馆藏）

🔲 1985年邓小平同志为中山医科大学题写校名

·医者之光

柯麟,广东海丰人,1921年考入广东公医大学,毕业后留任校附属医院医生。1924年在校期间加入中国共产主义青年团,1926年转为中共党员,任校首任党团支部书记。1928年转入中共隐蔽战线,后担任澳门镜湖医院院长多年。新中国成立后,柯麟出任中山医学院院长兼党委书记。

柯麟在澳门镜湖医院

1949年10月,柯麟在澳门镜湖医院主持庆祝新中国成立大会,升起澳门第一面五星红旗

1955年1月,高等教育部任命柯麟为华南医学院院长(中山大学档案馆藏)

秦光煜指导青年教师开展病理教学

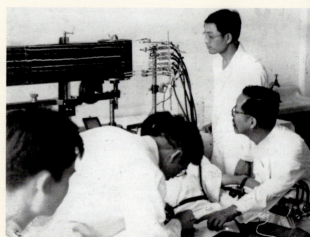

林树模演示针刺生理实验

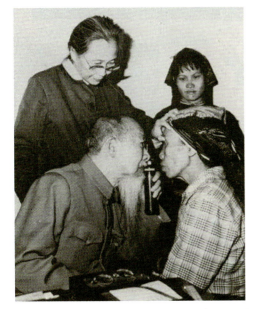 

陈耀真、毛文书为黎族妇女诊治眼病　　谢志光讲解X射线影像

梁伯强观察肝硬化病理切片　　李士梅与学生讨论肾脏疾病防治

  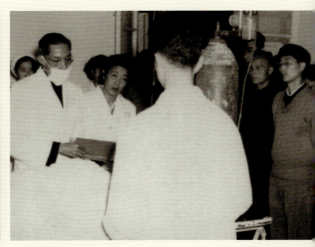

陈国桢与同事讨论患者病情　　周寿恺下乡花县为农民治病　　钟世藩带教查房

·送医下乡

🔸 1958年，陈耀真带领眼科教研组医护人员深入东莞偏远的麻风村，为每一个麻风病人检查眼睛，并积极实施治疗

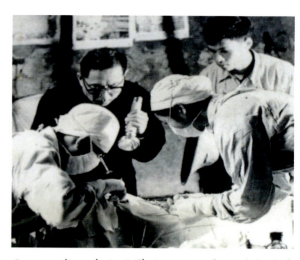

🔸 1964年，中山医学院巡回医疗队到广州花县农村送医送药。图为杜念祖为病人施行眼科手术，中山医学院副院长周寿恺打手电照明

🔸 周寿恺副院长和陈国桢教授欢送中山医学院第一批下乡卫生工作队往中山县

🔸 下乡医疗队对老弱的社员进行挨户体检

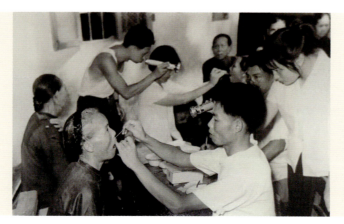

🔸 肿瘤普查队下乡进行鼻咽癌筛查

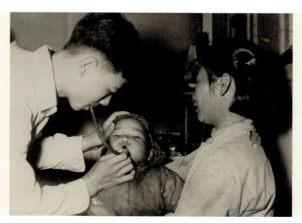

🔸 下乡医疗队队员巢志诚用听诊器胶管给窒息孩童吸痰

·陈心陶深入疫区送"瘟神"

新中国成立之初,血吸虫病疫区遍及南方12个省区,疫区人口达一亿之众。1950年夏,在广东省人民政府卫生厅的组织领导下,陈心陶和徐秉锟等人前往四会、三水及粤北调查,首次证实广东存在血吸虫病流行区。陈心陶从1951年开始深入广东四会六泊草塘血吸虫病核心疫区,实地研究血吸虫的中间宿主钉螺的分布、生长周期、活动情况。在研究钉螺生态学和总结群众经验的基础上,提出结合兴修水利、围垦开荒,从根本上改变钉螺孳生环境,彻底消灭钉螺,发展农业生产的防治策略。

陈心陶及寄生虫学教研组成员骑自行车在血吸虫疫区做调查(左起:陈心陶、黄国、徐秉锟、徐进江)

1956年2月1日,陈心陶在全国政协二届二次会议上作《采取综合措施消灭血吸虫病》专题发言。他的主张得到党中央和毛泽东主席的高度肯定,其防虫治虫方法不仅在广东省内行之有效,而且被普遍应用于我国其他地区。陈心陶及其团队在广东省血吸虫病重点疫区连续奋战20年,使广东省于1974年成为我国第一批基本消灭血吸虫病的省份之一。

20世纪50年代,广东三水县响应毛主席发出"一定要消灭血吸虫病"的号召,结合农田基本建设消灭钉螺

1956年2月4日,《人民日报》刊载陈心陶在全国政协二届二次会议的发言

1956年2月6日,毛泽东主席在中南海怀仁堂宴请陈心陶等出席全国政协二届二次会议的代表

陈心陶深入血吸虫疫区进行调查研教

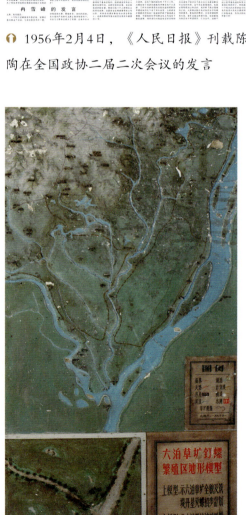

陈心陶自制的六泊草塘钉螺繁殖区地形模型

陈心陶的行军水壶

陈心陶使用的相机

• 探寻中西医综合治疗

民间蛇毒医生何晓生获聘中山医学院顾问并作学术报告

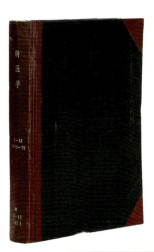

中医研究小组观察研究毛冬青，用以治疗冠心病

中山医学院主编的《新医学》杂志

肆 "教育革命"新探索

"教育革命"是近代中国教育转型的主题,中山大学曾是倡导"教育革命"的重镇。许崇清校长强调"经济制度的革命,教育的革命"应同时并举,古楳更有"教育革命论",岭南大学校长钟荣光寄望国立中山大学"把'教育革命''革命教育'这两个问题干出来给全国大学作一个榜样"。进入新中国,我校积极响应20世纪50年代中后期全国性的"教育革命"号召;进入六七十年代,在动荡的新政治背景下,与全国高校一样,我校努力而艰难地进行"教育革命"新探索。

·恢复招生

1970年10月16日,广东省革命委员会转发政工组《关于广州地区大专院校招生(试点)的请示报告》,提出广州地区中山大学、中山医学院等九所大专院校于1970年10月开始试点招生。中山大学全省计划招生540人,中山医学院全省计划招生600人。

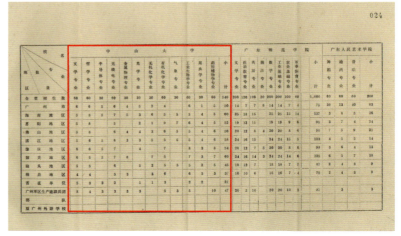

➲ 1970年下半年广州地区大专院校招生名额分配表(中山大学档案馆藏)

·工农兵学员进校园

1970年11月，中山大学以新招生方式录取首批工农兵学员547人。其中理科420人，文科127人；男生428人，女生119人；党员227人，团员240人；文化程度为高中的261人，初中的286人（有13人实际并未上过初中）；来自工矿国营农场92人，农村401人，其他部门54人。截至1976年，中山大学录取工农兵学员2214名，中山医学院录取工农兵学员1835名。

1970年11月22日，首批工农兵学员昂首阔步跨入我校

1970年12月1日，广州地区高校在中山纪念堂隆重举行工农兵学员集体开学典礼

中山医学院1970届本科新生开学誓师大会

欢迎工农兵学员入学

20世纪70年代物理系学生在做实验

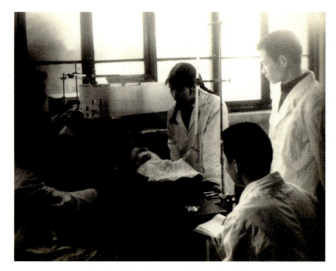
20世纪70年代生物系昆虫专业学生解剖猴子

20世纪70年代生物系学生野外实习

20世纪70年代工农兵学员在四会大沙做实验

我校师生在自己筹建的无菌室里做实验

工农兵学员课余积极开展各项体育运动

20世纪70年代水文专业学生在进行河流断面测量

工农兵学员在图书资料室查阅图书资料

·培养基层"留得住、用得上"的医疗卫生人才

新中国初期,广大农村严重缺医少药。中山医学院于20世纪五六十年代在广东各地设立区域性分院如湛江分院、佛山分院和高要分院,还在海南、汕头、韶关三地协助开办三个医学专科学校;70年代还建立石㘰分院、连县分院和梅县分院,招收"社来社去"工农兵学员,为基层培养了大批至今还在发挥作用的"留得住、用得上"的医疗卫生人才。

1958年5月23日,中山医学院湛江分院开办

中山医学院高要分院

1969年5月,中山医学院在博罗县石㘰村创办"工农试点班",即"新医班"。"新医班"贯彻"把医疗卫生工作的重点放到农村去"的号召,以中西医结合为原则,调整课程体系,探索课堂讲授、临床实践、医护药一体化等新教育方式。

中山医学院石㘰"新医班"新生报到

1970年"新医班"结业欢送大会

1971年4月16日,《人民日报》报道中山医学院"新医班"

1975年4月,中山医学院决定将原石坜教学基地（前身为"新医班"）改为石坜分院,招收农村公社生产大队赤脚医生201人,学制两年。1975年5月,中山医学院附属第二医院派出38名医务人员在粤北筹办连县分院。连县分院于当年7月30日正式开学,首批招收当地赤脚医生200名,学制两年。1976年11月,中山医学院采取"地办校助"形式协助梅县地区创办梅县分院,首批招生310人,学制两年。

中山医学院石坜分院学员毕业证书

1970年8月,广东省革命委员会副主任王首道（前排左）到石坜教学基地视察

中山医学院石坜分院1977届一区一班毕业合影

中山医学院连县分院学员毕业证书

中山医学院连县分院首届工农学员开学典礼

中山医学院梅县分院学生证

中山医学院梅县分院1976级医疗班师生欢送中山医学院老师离校合影

伍　20世纪五六十年代校园生活

20世纪五六十年代的中山大学校门

20世纪五六十年代的中山大学水塔

1958年8月，学生合唱队在乐队伴奏下歌唱

1958年9月，中文话剧社演出《青春之歌》

1961年5月，物理系工人出身的学生正在复习和讨论有关无线电的功课

物理系同学演出原子发电舞。整个图形代表一个原子，中间一人为质子，其余六人为电子。图为演出的其中一节

1962年6月，黄昏草地音乐会

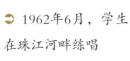
1962年6月，学生在珠江河畔练唱

叠翠流光
中山大学百年足迹

第三篇章

CHAPTER 3

勇立潮头

改革开放是决定中国发展命运的又一次深刻革命,更是国家实现从"站起来"到"富起来"的伟大实践。中山大学地处改革开放前沿,得风气之先,开拓、坚守、奋进是这一时期我校的基本风貌。在中央和地方政府大力支持下,我校不断拓展办学空间,重新布局学科结构,人才培养规模与质量、学术研究水平、服务国家与地方发展能力以及国际影响力实现跨越式发展,为奋进世界一流大学奠定坚实基础。

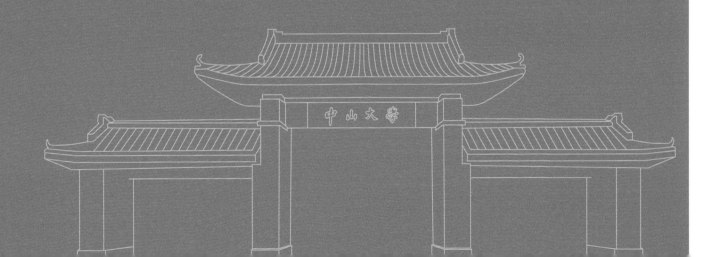

壹 得风气之先

改革开放后,为进一步提高大学的科研能力与水平,国家号召重点大学办成"教学与科研的中心"。地处祖国"南大门"的中山大学结合华南地区的特点和条件,率先开展国际学术交流,重构学科体系,进一步提升教学与科研质量。

· 科学的春天到来了

1977年12月,中共广东省委决定由李嘉人兼任中山大学革命委员会主任。1979年3月,中央批准李嘉人任中山大学校长,黄焕秋任党委书记兼副校长。

↑ 1979年11月12日,李嘉人校长在庆祝建校55周年大会讲话,强调"学习国内外的先进经验,探索和掌握高等教育的客观规律,努力跟上全党全国工作重点转移的步伐"

↑ 1978年10月初,恢复高考后的1978级新生来校报到

1978年11月20日至12月5日，中国科学院委托我校主办"全国引力理论及相对论天体物理讨论会"，这是新中国成立以来首次讨论相对论的全国会议。

◐ "全国引力理论及相对论天体物理讨论会"现场

1980年1月5日至10日，由中国科学院、中共广东省委和中山大学联合组织的"广州粒子物理理论国际讨论会"在广州从化县召开。杨振宁、李政道、周培源、钱三强等著名物理学家与会，我校物理系李华钟、郭硕鸿作大会发言。

◐ 1980年1月14日，邓小平在北京会见并宴请参加"广州粒子物理理论国际讨论会"的海内外科学家

周培源教授谈中山大学引力波实验室

（1980年元月11日 于中大大礼堂）

我们的中山大学是有着光荣的革命传统的，在科技工作的许多方面都是走在前面的，例如现在杨振宁教授去参观的引力波实验室就是一个。中国的引力波实验室只有两个：南有中山大学，北有物理研究所，其它大学还没有，我们中山大学的引力波实验在全国高等院校中还是首屈一指。中山大学的同志们在物理方面做了很多努力，引力波实验方面受到国际上的赞扬。譬如说我们去年在里雅斯特开会，陈嘉言同志在大会上讲话以后，意大利知名的物理学家阿马尔迪教授站起来说："中山大学的引力波实验（和物理所两家凑在一起）的工作做得很出色，做得很出色！"千万不要以为我们中国代表团参加了，人家就恭维我们几句，其实国际上科技工作者受到这样的称赞是很少很少的，不是因为我们搞了个引力室人家就得说我们很好啊，很出色啊，不是的。在全世界搞引力波的人都参加的会议上，阿马尔迪教授讲这个话是很有分寸的，因为他去年初来参观过中山大学引力波实验室，发现中山大学引力波室的一个减震装置很先进，现在他们罗马大学就采用了中山大学的这种装置。我讲这话是把实际情况向同志们作一个汇报。国际上知名的科学家讲这样的话给了我们充分的信心。在四人帮统治时期，中山大学的同志们在十分艰苦的情况下做出引力波实验这样的工作，十分值得我们大家学习，值得我们北京大学学习。让我们在党的领导下大家努力，携起手来同心同德向前看，我们中国的科学就一定可以很快达到世界先进水平。

周培源在我校讲学时高度评价中山大学引力波实验室。图为周培源谈中山大学引力波实验室的会议记录

·1978年中山大学、中山医学院获全国科学大会奖项目

在新中国前30年，中山大学始终坚持科学研究，一大批优秀科研成果在1978年3月全国科学大会及1980年9月广东省科学大会上获奖，这些获奖的科研项目全部启动于新中国成立至20世纪70年代期间。

1978年中山大学获全国科学大会奖项目

科系	项目名称	启动时间	合作单位
数力系	水环——大气喷射真空泵	1969年	佛山水泵厂、第一机械工业部重型机械研究所、广州农药厂等
	分离式地下球壳结构应力计算	1970年	广东省建筑设计院
	静压技术及JG80/6静压供油装置的研究	1974年	广州机床研究所静压室、广州第三轧钢厂
	微水头水轮机的研制	1973年	顺德县甘竹电站
	H76-1电子计算机系统（软件）——多用户小型情报检索系统	1976年	外贸部海关管理局、广东省外贸局海关处、九龙海关、上海计算所等
物理系	非亚贝尔规范场的磁单极解	1974年	中国科学院高能物理研究所
	可调谐染料激光器	1975年	—
	氮分子紫外激光器	1975年	物理系光电子厂无线电车间和工农兵学员
	高本底地区居民健康状况的调查	1976年	卫生部、第二机械工业部等一些兄弟单位协作
化学系	对-蓋烷二醇-3，8驱避剂	1970年	广东省驱避剂协作组
	高密度聚乙烯高效催化剂	1972年	广州塑料厂
	感光树脂研究	1973年	广东省佛山市化工研究所、佛山市化工研究所实验厂
	昆虫保幼激素类似物的合成和应用	1973年	广东省农业科学院蚕业研究所、华南农业学院蚕桑系
	金属矿选矿新药剂03045铜萃取剂	1973年	冶金工业部有色金属研究院广东分院、广州化学试剂厂
	海绵铁中金属铁快速磁分析	1975年	—
地理系	南海台风生成的预报方法	1974年	—
	茂名地区环境地质及工业"三废"对人体健康影响的调查研究	1974年	广东省地质局、广东省测试所、茂名石油公司、茂名职防所、茂名监测站等22个单位
	广东三水盆地早第三纪鱼化石	1974年	中山大学生物系
	南海及其附近地区中层气旋的分析研究	1975年	—
生物系	赤眼蜂繁殖和利用技术研究	1951年	—
	害虫生物防治的研究	1951年	—
	作物"三系"生物学特性的研究	1973年	中山大学同位素室
	森林害虫多角体病毒的研究和利用	1974年	—

钱三强在我校讲学

李政道在我校讲学

1980年1月10日"广州粒子物理理论国际讨论会"与会人员合影

会议结束后,杨振宁、李政道、周培源、钱三强等人于1980年1月11日至12日先后到访我校并作学术报告。

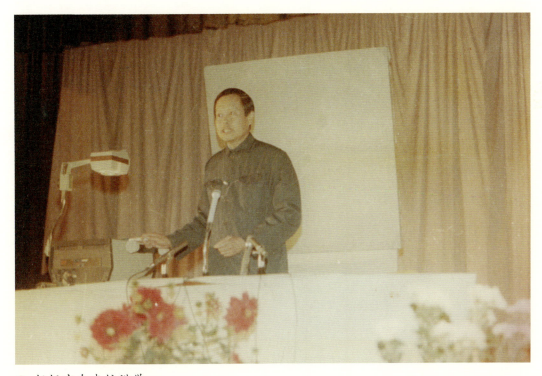

杨振宁在我校讲学

应用价值
为我国低、粗真空领域填补空白,已定型生产
为兴建地下油库的设计提供主力计算方法
为航空、船舶、国防、机械上的静压技术提供理论支持
研制的型式转轮满足要求,为甘竹电站采用
成功应用于海关进出口管理工作
研究求同步球对称规范场的一种新方法
用于同位素分离、测污雷达、农业育种、生物医学照射与激光光谱学
供有关单位用于育种、治病
调查高本底地区及其对照地区空气中氡及氡氢子体水平
研制出新类型化学结构驱避剂,成本低,性能超国外水平
填补我国高效催化剂空白,用于生产高密度聚乙烯
成功研制感光印刷版、可控硅元件光刻胶、干膜感光胶等8个品种
在国内首次合成B类似物并较大面积应用于农业生产
已建成10吨半工业规模的生产装置
建立新的炉前快速有效磁分析法,操作简便
经1975—1977年台风预报检验,成功率达82%
为改善环境条件提供科学依据,促进工业"三废"治理
提出鲤科鱼类起源于亚洲东南部早第三纪劳亚古陆
对我国南方地区热带天气分析与预报有实际意义
用于防治20多种粮、棉、糖、菜、果、林等方面的害虫
部分成果已大规模用于生产或正在进行生产性群众科学实验
提出了"三系"形成的多途径假说
研制出防治马尾松毛虫的既经济又效果显著的安全杀虫剂

科系	项目名称
附属眼科医院角膜病研究小组	角膜移植治疗失明
寄生虫教研室	中国吸虫区系调查和生态学研究
寄生虫教研室	江湖洲滩灭螺
寄生虫教研室	恙虫病防治研究
寄生虫教研室	《医学寄生虫学》
生物教研室	广东稻田尾蚴皮炎与裂体科吸虫
药理研究室	蛇药、蛇毒的研究
药理教研室	蛇伤解毒剂——广东蛇药治疗毒蛇咬伤
药理研究室	三尖杉属植物中抗癌有效成分的药理药化试验和临床研究
肿瘤研究所、肿瘤医院等	鼻咽癌的防治研究
肿瘤研究所	抗肿瘤药N-甲酰溶肉瘤素的药理及临床研究
生理教研室	针麻抑制内脏痛和内脏牵拉反应的原理研究
中山医学院《内科疾病鉴别诊断学》编写组	《内科疾病鉴别诊断学》
附属第一医院中医科	紫花杜鹃治疗慢性支气管炎临床研究
附属第一医院胸外科	人造瓣膜替换术
附属第二医院妇产科、药剂科、病理室	酚胶浆剂闭塞输卵管绝育研究
法医学小组	马王堆一号汉墓古尸研究
附属第一医院	FB-2A型反搏系统

1978年中山医学院获全国科学大会奖项目

启动时间	合作单位	应用价值
1949年	—	用于治疗各种角膜病人，水平与国外相当
1950年	骨干师资进修班（成员来自全国各地）	为寄生虫病防治提供根据
1950年	湖南省血吸虫病防治研究所、广东省寄生虫病防治研究所等。	在消灭血吸虫病工作中发挥重要作用
1953年	广州市卫生局、北京生物制品研究所、北京236部队	用于国防医学
1960—1965年	作者：陈心陶	对推动寄生虫科学和寄生虫病防治有重要作用
1962年	广东劳动卫生与职业病防治研究所、佛山专区防疫站、中山医学院生物学教研组	生态灭螺与化学灭螺的综合措施
1955年	佛山制药二厂、附属第一医院内科及斗门县等19个医疗单位	研制出广东蛇药，由佛山制药二厂投产
1955年	—	对以神经毒为主的蛇毒中毒疗效显著
1972年	福建省医药研究所、广东省人民医院等全国数十个单位	提取有效抗癌成分，达到国际先进水平，已批准生产
1958年	中山县肿瘤防治所、广东省鼻咽癌协作组	用于早期发现鼻咽癌的诊断，达到国际水平
1972年	中国医学科学院等	研制出一种化学合成的口服抗肿瘤药，疗效突出
1970年代	中医学院、中山大学生物系等	对克服内脏牵拉痛反应、提高针麻效果有一定作用
1960年代	中山医学院有关部门	1975年人民卫生出版社初版全国发行，1976年重印
1972年	高要县广利地段卫生院、高要县卫生局、广东省医药卫生研究所、湛江医学院等	用于治疗慢性气管炎，临床疗效好
1975年	广东省人民医院、广东省胸腔疾病研究所	首次应用国产人工心肺机、针刺麻醉施体外循环下心脏瓣膜替换术
1970年	—	国内首创苯酚胶浆剂闭塞输卵管绝育法，设计合理、器械简便，无须开刀，安全，效果好
1973年	湖南医学院	攻克毛发血型鉴定难关，为公安机关侦破及审判提供新手段
1974年	中山大学物理系、广州电子仪器厂、广州重型机器厂、广州医疗器械厂等	FB-2A型反搏系统填补了国内空白，达世界上同类产品的先进水平，已在临床上广泛使用

· 55周年校庆

1979年11月12日,我校隆重举行55周年校庆。

中共广东省委第一书记习仲勋(前排左三)、中共广东省委第二书记杨尚昆(前排左五)等参加我校建校55周年庆祝大会,并会见国外和港澳地区校友、来宾

习仲勋在我校孙中山纪念馆来宾签到簿上签名

第三篇章　勇立潮头

杨尚昆在我校孙中山纪念馆来宾签到簿上签名

习仲勋（左一）、杨尚昆（左二）在李嘉人校长（左三）陪同下参观我校孙中山纪念馆

庆祝建校55周年田径运动大会

1979年9月25日，全国人大常委会委员长叶剑英为我校建校55周年题写校名

1979年11月，全国人大常委会副委员长、孙中山先生遗孀宋庆龄为我校建校55周年题词

·率先开展国际及境外学术交流

我校积极投身改革开放,走出国门,寻找发展的新突破点,从海外及港澳地区引智引资。

1979年1月,应李嘉人校长邀请,美国加州大学洛杉矶分校(UCLA)副校长斯文森(Elwin V. Svenson)率团访问我校,并与我校建立校际合作关系。这是中美建交后最早到访中国的美国学术代表团。

李嘉人校长(右三)向到访的加州大学洛杉矶分校代表团团长斯文森副校长(右二)赠送礼品

1979年2月18日至3月5日,以黄焕秋副校长为团长的中大教师代表团一行12人访问香港大学、香港中文大学和香港理工大学。这是改革开放以来内地最早访港的高校代表团。

我校黄焕秋副校长(右一)与香港高校教师亲切交谈

1982年,美国空中飞行眼科医院奥比斯(ORBIS)飞机首航即应陈耀真和毛文书邀请,于9月21日率先访问中国,首站为广州。陈耀真还邀请一批国内眼科医生,共1180人次来广州观摩学习国际先进眼科技术。在广州停留的18天里,中外医生共为39人(40眼)做了眼科手术,其中,中山医学院附属眼科医院医生表演针麻等手术4次,被录制成示范教学影片带到奥比斯在其他国家的教学点。

1982年10月8日,奥比斯飞行眼科医院专家与前来参观学习的中国眼科医务人员合影,前排左一为中山医学院附属眼科医院李绍珍

· 五大中心

五大中心是指成立于20世纪80年代初的服务于改革开放事业的中山大学广州英语培训中心、中山大学汉语培训中心、中山大学电化教育中心、中山大学测试中心、中山大学高等学术研究中心。

1979年11月，国家教委在我校成立英语培训中心（简称"英培中心"），为出国预备人员提供英语培训。为办好英培中心，我校与美国加州大学洛杉矶分校（UCLA）签订合作协议，合作期限为1980年至1985年。截至1993年，英培中心为国家培养了3000多名高层级的公派出国留学人员，学员遍布全国29个省区。

1979年11月17日，我校与加州大学洛杉矶分校签订合作协议后合影（前排左四为李嘉人校长、左五为UCLA校长Charlie E. Yang）

来自全国各地准备出国深造的人员在我校英语培训中心听课

1981年7月，我校正式成立中山大学汉语培训中心（简称"汉培中心"）。1984年汉培中心首开中国内地粤语教学。1987年9月，汉培中心开始招收现代汉语专业对外汉语方向硕士学位研究生；1991年设立华南地区第一个汉语水平考试（HSK）考点。

在我校汉语培训中心学习的日本、美国、澳大利亚学生

1978年3月，我校开始筹建电化教育中心（简称"电教中心"）。1980年，开始兴建电教大楼（与英培中心共用）。1981年，电教中心成立，此后中心制作了上百部的教学录像片及翻译资料片等用于教学。2002年7月，电教中心与网络中心重组为网络与教育技术中心。

中山大学测试中心创建于1983年，是利用第一批世界银行教育贷款，由国家教委组织建立的首批直属高校分析测试中心之一。测试中心可为化学、生物、物理、地理等多门科学提供现代化分析测试，有助于提升科研成果标准化水平。

电化教育中心大楼（现为广州校区南校园第三教学楼）

中山大学测试中心大楼

1983年5月9日，经教育部批准，中山大学成立高等学术研究中心。

1983年8月26日，由杨振宁发起的中山大学高等学术研究中心基金会在香港正式成立，杨振宁任基金董事会主席。杨振宁在招待会上说，成立基金会的目的是要帮助中山大学高等学术研究中心进行高等学术研究和举办国际学术交流活动。

1983年12月20日，中山大学副校长李华钟与杨振宁共同签署首个资助研究项目合同。高等学术研究中心在物理学、数学、人类学、古文字学及其他相关学科开展研究，以促进我校与国外及港澳台地区的学术交流。李华钟为高等学术研究中心首任主任。

我校副校长、高等学术研究中心主任李华钟（右）与杨振宁签署研究资助协议

1988年12月30日，我校举行庆祝中山大学高等学术研究中心成立五周年暨研究大楼（1994年更名为冼为坚堂）落成典礼

·"我也可以说是中山大学的半个校友吧"

1983年3月27日《大公报》报道称,杨振宁在中山大学香港校友会宴会上说:"我也可以说是中山大学的半个校友吧。"据统计,从20世纪70年代初至今,杨振宁到访我校共16次。

杨振宁来访我校统计表

到访次数	时间	到访次数	时间
第一次	1973年7月21日	第九次	1992年7月28日
第二次	1973年7月28日	第十次	1993年8月21日
第三次	1974年6月3日	第十一次	1994年1月5日
第四次	1976年3月27日	第十二次	2000年10月22日
第五次	1980年1月11日	第十三次	2003年10月22日
第六次	1986年6月27—28日	第十四次	2006年3月13日
第七次	1988年12月30日	第十五次	2007年5月20日
第八次	1990年1月11日	第十六次	2009年11月20日

⊙ 1980年1月11日,杨振宁(左二)在黄友谋(左一)、曾桂友(左三)、李华钟(右二)等人的陪同下参观我校校园

⊙ 1980年1月11日,杨振宁参观我校物理系实验室(左起:陈嘉言、杨振宁、李华钟、王承书、张文裕、高兆兰)

贰 重构学科体系，成立研究生院

改革开放之初，中山大学在全国高校中率先恢复一批文科专业，新办一批应用性较强和国内尚属空白的学科、专业，并将一批口径偏窄的专业，合并成较宽口径的专业。在构建起较为完整的学科体系基础上，为适应研究生教育新形势，成立研究生院，推进研究生教育快速发展。

改革开放初期中山大学专业调整一览表

类型	专业
合并	物理学（由光学、半导体物理、金属物理、核物理合并而成） 化学（由分析化学、有机化学、无机化学、物理化学、高分子化学合并而成） 动物学（由昆虫学、动物生理学、动物学合并而成） 植物学（由植物遗传学、植物学合并而成） 汉语言文学（由汉语、文学合并而成）
复办、新办	经济学、法律学、社会学、工业企业管理、审计学、民族学、考古学、图书馆学、应用数学、计算数学、计算机软件、计算机系统结构、自动控制、水资源、日语等
续办	哲学、历史学、英语、德语、法语、数学、力学、自然地理学、经济地理学、气象学、地质学等

· 复办、新办学系

1981年4月，我校复办人类学系，设置考古学、民族学两个专业并招收本科生，为改革开放后国内第一个复办的人类学系。1982年，人类学系开始招收文化人类学博士研究生。梁钊韬为人类学系复办后的首任系主任。

⊃ 梁钊韬在指导博士生格勒（左）。格勒于1986年毕业，是新中国培养的第一个人类学博士和藏族第一位博士

在著名社会学家、美国匹茨堡大学（University of Pittsburgh）荣誉教授杨庆堃的支持与我校何肇发等人的努力下，1981年我校复办社会学系，同年开始招收硕士研究生，1984年开始招收本科生。何肇发为社会学系复办后的首任系主任。

1980年8月6日上午，向杨庆堃致名誉教授聘书大会在我校怀士堂举行（左起：黄焕秋、杨庆堃、何肇发）

20世纪80年代，费孝通先生、雷洁琼先生在我校梁銶琚堂外与社会学系师生交流

1979年7月，我校复办法律系，端木正为法律系复办后的首任系主任。

1982年1月29日，夏书章在《人民日报》发表《把行政学的研究提上日程是时候了》一文，呼吁在大学里开办行政学专业。1988年12月27日，我校复办政治学与行政学系，王乐夫为复办后的首任系主任。

端木正（中）在指导学生

2024年4月，105岁的夏书章在家中接受记者采访

1981年2月4日，我校获教育部批准设立工商管理学专业，成为改革开放后国内最早开办该专业的院校之一。1983年我校成立管理学系，1985年成立国内高校中第一个管理学院。王正宪为管理学系首任系主任和管理学院首任院长。

王正宪（左）向学生颁发1987年度霍铸安奖学金

·研究生教育的恢复与发展

1978年,我校成为国家恢复研究生教育首批高校之一。1980年,我校成立研究生招生办公室;1981年,成为首批有权授予博士、硕士学位的高校之一。1986年4月15日,经国务院批准,我校试办研究生院。1996年3月29日,国家教委批准我校正式成立研究生院。

1982年12月4日,中山大学首批授予硕士、学士学位暨颁发学位证书典礼在大礼堂(今广州校区南校园中山楼所在)举行

1986年3月29日,中山大学首批博士学位授予大会在广州校区南校园小礼堂(怀士堂)举行

叁 奋进一流

改革开放后,中山大学结合自身学术传统及处于改革开放前沿的区位优势,致力于学术传承与创新,设立一批具有前沿性和自身学术优势的研究机构,推动学校从"教学中心"向"教学中心和科研中心"转变。

1978年历史学系成立孙中山研究室,为中国大陆高校第一个专门研究孙中山的学术机构,陈锡祺为首任主任。1986年孙中山研究室升格为孙中山研究所,陈胜粦为首任所长。

⊃ 孙中山研究所成立初期,科研人员在讨论工作(左起:陈胜粦、陈锡祺、段云章、林家有)

东南亚研究所前身为1954年成立的历史学系亚洲史教研室。1959年经教育部批准为东南亚历史研究室。1978年东南亚历史研究室升格为东南亚历史研究所。1989年更名为"中山大学东南亚研究所",张映秋为首任所长。

⊃ 1979年东南亚历史研究所开展"古代中国与东南亚友好关系史"专题研究(左二为何肇发,右二为李永锡,左三为刘玉)

1956年我校成立古文字研究室,专门从事古文字与出土文献研究。著名古文字学家商承祚与容庚共同主持该研究室。1965年,中山大学古文字研究室正式获国家高等教育部批准,成为国内高校第一个古文字研究专门机构;1999年,升格为中山大学古文字研究所。

商承祚(前排左五)、容庚(前排左六)与研究室同事、研究生、古文字学培训班学员合影

中山大学古文献研究所成立于1983年,著名戏曲史家王起(王季思)为首任所长。1985年王起以八十高龄领衔编校《全元戏曲》(全书共12卷,600万字),在黄天骥、苏寰中、吴国钦等人全力协作下,该书于1999年由人民文学出版社出版。

1987年冬,在王起家唱堂会(左起:黄天骥、王起、黄仕忠)

1983年经国家教育委员会批准，我校成立港澳研究所，这是全国最早的实体性港澳研究机构。该研究所于1985年开始招收硕士研究生，夏书章为首任所长。1991年，在港澳研究所的基础上建立中山大学港澳研究中心；2000年9月，发展为中山大学港澳珠江三角洲研究中心，并入选为教育部人文社会科学重点研究基地。

◯ 1996年6月18日，夏书章（前排右五）及港澳研究中心师生与来访的香港立法局主席黄宏发（前排右四）合影

中山大学马克思主义哲学史研究所成立于1985年9月，首任所长为刘嵘。1994年12月，更名为"中山大学哲学研究所"；此后，在创建教育部人文社会科学重点研究基地的过程中，又更名为"中山大学马克思主义哲学与中国现代化研究所"。2000年9月，该研究所获批为教育部人文社会科学重点研究基地，叶汝贤为首任主任。

◯ 1981年我校受教育部委托，举办"马克思主义哲学史师资讲习班"

中山大学逻辑与认知研究所成立于1997年，2000年9月获批为教育部人文社会科学重点研究基地，鞠实儿为首任主任。

○ 逻辑与认知研究所成员合影（二排右四为鞠实儿，右五为梁庆寅）

中山大学行政管理研究中心成立于2000年12月，于2001年3月入选为公共管理学科唯一的教育部人文社会科学重点研究基地，王乐夫为首任主任。2010年12月更名为"中山大学中国公共管理研究中心"。

○ 2004年5月21日，行政管理研究中心接受教育部评估（前排右二为王乐夫，右四为夏书章）

2001年3月，我校正式组建历史人类学研究中心，首任主任为陈春声。2004年11月，中山大学历史人类学研究中心入选教育部第五批人文社会科学重点研究基地。2010年11月，在教育部社会科学司的直接领导和支持下，该基地在香港延伸设立香港中文大学—中山大学历史人类学研究中心。

○ 2003年基地建设初期，教育部组织专家论证考察（三排中为陈春声）

1984年6月，国家计划委员会和教育部批准我校筹建"超快速激光光谱学国家重点实验室"。1988年1月，该实验室获批为国家重点实验室，是我国首批建设的10个国家重点实验室之一，余振新任实验室主任，高兆兰任学术委员会主任。该实验室2001年重组更名为"光电材料与技术国家重点实验室"，首任主任为许宁生。

余振新（左一）在检查部分研究设备

许宁生在实验室开展科研工作

1989年我校在昆虫学研究所的基础上筹建"生物防治国家重点实验室"。1995年，该实验室通过验收，庞义为首任主任。2005年，经科技部批准更名为"有害生物控制与资源利用国家重点实验室"。2023年经科技部批准，实验室重组更名为"水产动物疫病防控与健康养殖全国重点实验室"，何建国为首任主任。

1991年4月，卫生部批准中山眼科中心成立我国唯一的卫生部眼科学实验室。2006年7月，国家科技部批准建设我国第一个眼科学国家重点实验室，葛坚为首任主任。2023年重组为"眼病防治全国重点实验室"，首任主任为林浩添。

1993年生物防治国家重点实验室第一届学术委员会委员合影

1996年3月27至28日，卫生部眼科学实验室第二届学术委员会第一次全体委员会议在中山眼科中心召开

⚬ 2007年9月15日，我校空间技术中心负责人何振辉（右一）陪同丁肇中（中）到珠海校区检查空间技术中心AMS-TTCS项目工作

2004年1月，经科技部批准立项，在国家和广东省的大力支持下，中山大学正式参加世界著名物理学家、诺贝尔奖获得者丁肇中领导的AMS国际空间站上唯一大型空间实验。2011年5月16日，奋进号航天飞机搭载AMS-02成功发射升空，标志着中山大学实质性进入航天科研领域。

华南肿瘤学国家重点实验室于2005年3月获科技部批准建设，2008年11月通过验收。曾益新为首任主任。2023年通过科技部批准，优化重组为"华南恶性肿瘤防治全国重点实验室"，徐瑞华为首任主任。实验室对我国鼻咽癌和肠癌等肿瘤的防、诊、治做出重要贡献。

⚬ 徐瑞华（站立者右二）指导团队开展研究

1928年，冯景兰首先在广东仁化命名丹霞层。1938年前后，陈国达将丹霞层构成的地貌命名为丹霞地形（即今丹霞地貌）。之后，吴尚时、曾昭璇等人继续推进丹霞地貌研究。20世纪80年代起，黄进考察全国29个省、市、自治区1104处丹霞地貌并加以系统研究。进入21世纪，彭华致力于丹霞地质景观利用研究，为"中国丹霞"成功申请世界自然遗产做出突出贡献。

四代人的丹霞

冯景兰
1898—1976

陈国达
1912—2004

吴尚时
1904—1947

曾昭璇
1921—2007

黄进（李见贤）
1927—2016

彭华
1956—2018

肆 青春校园

第三篇章 勇立潮头

20世纪80年代的中山大学校园，一派青春气息。好学、乐思、砺志、善辩，是中大学子的群体写照。求知、爱国、关心社会、拥护改革开放，是中大学子的共同追求。

·学生刊物

20世纪80年代，我校学生刊物如雨后春笋般涌现。

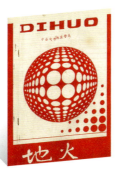

❶ 我校学生刊物

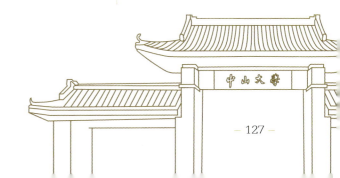

1979年《红豆》创刊，这是全国高校最早的学生文学刊物之一。与当时纯粹的学生刊物不同，《红豆》是在中大校、系两级领导的支持下创办的。其装帧印刷在全国同类刊物中出类拔萃，16开本，铅字印刷，每期56页（后改为64页）。《红豆》的刊名由广东著名批评家萧殷题写。更为难得的，还影印了周扬专为《红豆》而作的题词："红豆生南国，春来发几枝。愿南国文艺一如红豆累累盈枝，以副人民的想望。"《红豆》在1980年12月出版了第7期，也是最后一期。

1981年10月22日，中文系1977级毕业前夕，《红豆》编辑部成员在小礼堂前合影。前排左二王培楠，左三戴小京；后排左一苏炜，左二陈平原，左三毛铁

求进报社成立于1985年5月，由我校党委组织部直接指导，社名取"求实进取"之意，以宣传马克思主义为宗旨，是各党章学习小组交流经验和进行自我教育的窗口。社员由在校学生中的党员和入党积极分子构成。

求进报社早期社员活动照片

· 学生社团

金字塔学社成立于1981年11月，是改革开放后校内最早成立的学生社团之一。金字塔学社旨在扩大同学们的知识面，培养同学们独立工作的能力，加强文理科之间的交往，促进各学科之间的联系，组织同学进行边缘科学的学习和研究。

1983年金字塔学社组织社员到广东清远县开展社会经济综合调查

1984年金字塔学社在小礼堂举办智力竞赛

星海爱乐协会成立于1985年9月25日。1986年，星海爱乐协会和电教中心共同举办西洋音乐欣赏会，定于每周五晚在电教中心讲学厅播放两小时西方古典名曲。著名指挥家李德伦曾在欣赏会上为师生讲解。此后，举办音乐欣赏会成为星海爱乐协会的一项固定活动，一直持续至2001年。

1985年，胡守为副校长与首任星海爱乐协会会长黄海潮（右）参加冼星海"魂归故里"活动和星海园开园仪式时，商谈由中山大学星海爱乐协会和电教中心创办星海音乐厅事宜

2014年，在校团委的支持下，星海爱乐协会邀请高雄中山大学艺术团参加"庆祝孙中山先生创办中山大学90周年交响音乐会"，两岸中山大学师生同台演奏冼星海《黄河大合唱》、马思聪《思乡曲》等校友作品

武术协会成立于1982年9月。同年10月9日，《人民日报》报道中山大学武术协会成立："九月上旬，中山大学学生会成立武术协会，学习和研究中国武术和现代搏击，介绍空手道、泰国拳等外国武术，还准备举行各类表演和比赛。"

· 学生活动

1984年6月3日，中山大学体育运动委员会和长跑协会在校内联合举办"中山大学首届马拉松跑大会"（跑程42.195公里），全校共有114人报名参加，57名学生跑完全程

1986年12月，在武汉举行的"长江杯"首届全国大学生辩论赛初赛上，中山大学辩论队战胜北京大学辩论队。此场辩论由中央电视台著名主持人赵忠祥主持，辩题为"商品经济是否导致人情淡薄"，我校为反方。比赛录像后在中央电视台播出

2002年8月28日，中山大学辩论队获全国大专辩论会冠军，决赛对阵电子科技大学，辩题为"正其义当谋其利"，我方为正方

2003年9月26日，中山大学辩论队获国际大专辩论赛冠军，决赛对阵台湾世新大学，辩题为"顺境/逆境更有利于人的成长"，我方为正方

1985年5月,校团委和校学生会举办首届"维纳斯"歌手大赛。举办方本计划以"阿波罗"石膏像为奖品,因未购得而代之以"维纳斯"石膏像,"维纳斯"歌手大赛由此得名。

1985年,首届"维纳斯"歌手大赛在大礼堂(今我校广州校区南校园中山楼所在)举行

数学力学系研究生谭志民以一首原创歌曲《校园祝福你》获得第一届"维纳斯"歌手大赛冠军,《校园祝福你》后被收录进中山大学校园歌曲专辑《向大海》

1986年5月,中国唱片公司广州分公司选择中大师生创作的校园歌曲16首,录制成我国大陆第一盒校园歌曲原音带——中山大学校园歌曲专辑《向大海》,推动了国内高校校园原创音乐的发展

《毕业谣》于2000年6月录制。该专辑收录了1994年以来我校学生自己作词、作曲的歌曲14首,是中国大陆第一张大学生校园原创歌曲CD专辑

↑ 考察队队员骑行在祁连山下

↑ 中山大学研究生院西北考察队队旗

↑ 考察队出发前在南校门留影

1987年暑假，我校5名学生（包括4名研究生、1名本科生，即人类学系郭凡、经济学系刘江华、哲学系张海清、化学系李奕根、企业管理系黄马）在研究生院的支持下，组成西北考察队，以自费公助的形式，于7月4日从广州启程到西安，7月10日骑自行车从西安出发，8月14日到达乌鲁木齐，历时35天，行程约3000公里。5位学生边骑行边开展沿途调研。考察队到达乌鲁木齐时，得到全国政协副主席、新疆维吾尔自治区顾问委员会主任王恩茂的接见与题词勉励，并合影留念。考察队于9月17日顺利返回学校，学校党委书记张幼峰于9月20日听取队员汇报。

1985年底，我校学生与广西边防猫耳洞里的战士开展"同龄人两地书"通信交友活动，展开同龄人之间的真挚对话。这批往来信件于1988年集结成册，由广西人民出版社出版，引发社会广泛关注。

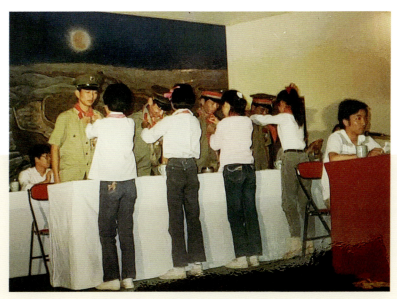

⬇ 1986年广西边防前哨模范连战士来校访问

↑ 中大学子写给边防战士的信件

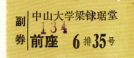

🔶 20世纪80年代我校食堂饭菜票、梁銶琚堂电影票、社团会员证、游泳证

🔶 1979年，学生开展游泳锻炼

🔶 1979年，学生排练文艺节目

🔹 1979年座无虚席的图书馆阅览室一角

🔹 在图书馆学习的哲学系1977级学生
李萍（前排中）、李莉（前排左）

🔹 图书馆现刊阅览室

伍 开创世纪之路

世纪之交，在中央和地方政府支持下，中山大学开创我国高校"省部共建"模式，顺利入选"211工程"高校。新世纪以来，我校进入"985工程"建设行列；合并中山大学和中山医科大学，组建新中山大学；建设珠海校区、广州校区东校园、深圳校区，形成广州校区"强优势"、珠海校区"提增量"、深圳校区"促融合"的错位发展格局。

2015年11月3日，深圳市人民政府与我校签订共建世界一流大学战略合作协议，并建设深圳校区。校区位于深圳市光明区，占地面积约为3.143平方公里，建筑面积约130万平方米。

🔹 2015年11月3日，中山大学与深圳市人民政府在广州签订共建世界一流大学战略合作协议

2003年，广州市政府在广州市番禺区小谷围建设广州大学城，划拨1697亩土地供我校使用。2004年8月，我校进驻广州大学城，启用广州校区东校园。

🔹 2004年9月6日，广州校区东校园举行开学典礼

深圳校区　　　　　　　　　　　广州校区东校园

第三篇章 勇立潮头

↑ 2001年10月28日，举行教育部、广东省人民政府重点共建中山大学协议签字仪式

2017年10月27日，珠海市-中山大学新型战略合作项目动工仪式在珠海校区举行，标志着珠海校区新一轮建设全面启动。目前，珠海校区建筑面积已达52万平方米，比2015年增长了约1.5倍。

↑ 2001年10月26日，教育部、广东省人民政府在省政府礼堂召开中山大学、中山医科大学合并组建新的中山大学大会

↑ 2017年10月27日，珠海市-中山大学新型战略合作项目动工仪式在珠海校区举行

州校区南校园　　　　　　广州校区北校园　　　　　　　　　　珠海校区

叠翠流光
中山大学百年足迹

第四篇章

CHAPTER 4

时代新篇

中国特色社会主义进入新时代，我国开启了建设中国式现代化、实现中华民族伟大复兴的征程。

中山大学响应习近平同志"扎根中国、融通中外，立足时代、面向未来"的号召，鼎立于粤港澳大湾区，自觉对接国家战略，心怀国之大者，擘画发展蓝图，围绕新工科、新医科、新农科发力，瞄准科技前沿和关键领域，以探索"深空、深海、深地、深蓝"的勇气，奔向星辰大海。

壹

「中大船队」扬帆深海

中山大学与海洋的故事，在20世纪80年代得以延续。进入新世纪后，我校加快布局海洋学科，用"大学科思路"推进海洋学科群建设。近4年来，先后投入使用"中山大学"号、"中山大学极地"号等科考船，打造一流科考实习船队，为经略海洋提供关键支撑。

❶ 2018年我校在南海科学考察夏季航次再赴西沙

❶ 2019年在南海科学考察海底生物。图为网状软柳珊瑚（Annella mollis）

❶ 2020年我校南海科学考察夏季生态动力航次

❶ 2021年我校南海科学考察夏季综合航次

"中山大学"号是我国目前吨位最大、设备最先进的现代化海洋综合科考实习船，可针对海洋、大气、地质、生态环境等进行探测监测，能满足开展海洋科学工程与技术等多学科领域科考研究的需求。

2018年11月，"中山大学"号签约仪式

2019年10月，"中山大学"号开工仪式

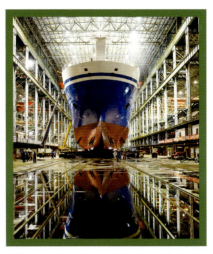
2021年6月，"中山大学"号在上海建成，我校迎来"中大船队"第一艘巨轮

2021年6月，举行"中山大学"号交付仪式

2024年7月1日至8月29日，"中山大学"号印度洋航次

2023年"中山大学"号科考设备海试航次

2021年11月21日，高松校长在"中山大学"号入泊母港欢迎仪式上讲话

"中山大学极地"号是我国高校首艘、国内第三艘具备极地科考能力的破冰船，具有PC4级破冰能力，破冰能力位居世界前列。该船由加拿大海军设计院设计，日本JFE集团建造，曾长期在北极波弗特海、鄂霍次克海等地区进行极地补给救援、海洋石油勘探等工作，至今已有40余年船龄。该破冰船几经转手，后由民营企业家张昕宇、梁红夫妇收购，并于2021年捐赠给中山大学。为了更好地将该船服务于海洋和极地相关工作，中山大学投入近亿元改造该船，为其配备先进的探测装备，于2022年9月30日将其正式命名为"中山大学极地"号。

2022年9月30日，在"中山大学极地"号命名仪式上，时任校党委书记陈春声拉响汽笛

2023年1月，中国高校首艘破冰船"中山大学极地"号在渤海辽东湾开展冰区试航

2024年7月26日至2024年10月7日，"中山大学极地"号北极科考航次。本航次从广州出发，由白令海峡向北进入北冰洋，开展大洋和冰区考察

2024年10月8日，我校党委书记朱孔军（左）迎接顺利完成北冰洋科学考察任务后归来的"中山大学极地"号科考队队员

"香洲云"号是一艘集智能航行、远程遥控、智能集成和智能能效于一体，具有全天候作业、自主航行能力的新型智能船舶。

"香洲云"号

"万山"号是南方海洋科学与工程广东省实验室（珠海）海上测试场的海试现场指挥平台。该船作业区域以外场为主，兼顾内场，能够满足测试场海试指挥、通勤交通等功能。

"万山"号

贰 向海图强

海洋是高质量发展战略要地。中山大学海洋学科群凝心聚力，向海图强，攻克海洋种业难关，升级深海养殖装备技术。

2023年4月10日，中共中央总书记、国家主席、中央军委主席习近平考察位于湛江市东海岛的国家"863计划"项目海水养殖种子工程南方基地。国家虾蟹产业技术体系首席专家、我校生命科学学院教授何建国向总书记讲述一尾好虾苗背后的故事。

2022年9月8日，我校拨款1647.99万元，对旧船池进行智能化改造，包括增加造风系统，升级造波系统，模拟风载荷进行海上风机测试等

"台山1号"是现代化半潜桁架式养殖平台，也是广东省首个列入中国船级社（CCS）的大型养殖装备。该养殖平台以养殖金鲳鱼为主，预计年产量达75万斤

第四篇章 时代新篇

↑ 2024年5月10日，我校举行"广东省现代化海洋牧场创新示范基地""广东省海洋水产种质资源库"揭牌仪式

↻ 中山大学汕尾海洋科学院海试基地所在地汕尾市龟龄岛及其周边海域

↻ "珠海琴"是国内首台配备可自主升降折叠网箱的新型数字智能化深海养殖平台，该平台由南方海洋实验室联合中山大学自主研发设计，建成后可实现数字智能化养殖。图为"珠海琴"3D模型

叁 重大科研平台

中山大学扎根中国大地，根据既有学科的基础和优势，立足世界前沿，建设一系列重大科研平台和装置，对接国家重大战略需求，服务区域社会经济发展。

· 天琴计划

天琴计划是罗俊院士于2014年提出的空间引力波探测计划，被誉为空间引力波探测的"中国方案"。

天琴测距台站是目前国内首家1064 nm激光测距台站，于2019年11月7日实现对月球表面全部五个反射器的激光测距，标志着我国成为国际上第三个完成该项实验的国家。

↑ 天琴测距台站位于我校珠海校区

↑ 天琴1.2米激光测距望远镜

↑ 天琴模拟台站为空间引力波探测系统的整体研究提供地面全物理模拟和全系统测试能力

天琴测距台站为各类精密测量实验提供超静的实验室环境

"天琴一号"于2018年由国家航天局正式批准立项，2019年12月在太原成功发射。它是目前为止国内第一颗由国家正式立项发射的空间引力波探测技术验证卫星

研究人员与"天琴一号"技术试验卫星合影

·国家超级计算广州中心

国家超级计算广州中心是国家在"十二五"期间部署的重大科技创新平台，由广东省人民政府、广州市人民政府、国防科技大学和中山大学共同建设。依托全球超算榜单六连冠的"天河二号"超级计算机、超智融合新系统"天河星逸"，国家超算广州中心积极推进高性能计算与大数据、人工智能深度融合，取得了一系列标志性成果，成为全球用户数量最多、利用率最高、应用范围最广的超算中心之一，位列"全球最具应用影响力超算中心"榜单五强。

"天河星逸"超级计算机

国家超级计算广州中心坐落于中山大学广州校区东校园

· 广东省磁电物性基础学科研究中心

该中心是广东省首批基础学科研究中心之一，我校于2024年获批建设。中心以广东省磁电物性分析与器件重点实验室、中山大学高等学术研究中心、中山大学物理学院中子科学与技术中心、超快光学中心四大物理学科科研平台为支撑，同步依托高能直接几何非弹性中子散射飞行时间谱仪开展基础研究和关键技术攻关，形成高温超导强关联、拓扑磁电微结构、低维磁电表界面、磁电多场强耦合四大重点研究领域，在镍基超导方面取得重要突破。

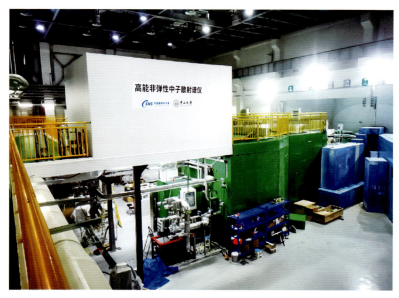

我校面向学术前沿和国家战略需求在中国散裂中子源布局建设的国内首台高能直接几何非弹性中子散射飞行时间谱仪

· 中山大学绿色化学与分子工程研究院

绿色化学与分子工程研究院成立于2022年7月。研究院聚焦国家"双碳"和"健康中国"战略目标，以"绿色化学"为导向，围绕信息、能源、生命、环境等领域的关键科学问题，建设具有国际领先水平的创新平台。研究院已在金属有机多孔材料、金属有机单离子磁体等领域取得开拓性进展。2023年8月揭牌成立广东省功能分子工程基础研究卓越中心。2024年9月获批"自旋与铁电化学"国家自然科学基金委科学中心。

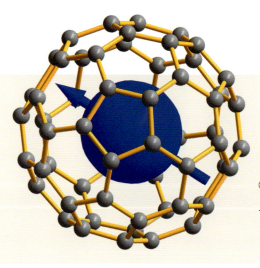

目前具备最长量子相干性的磁性分子N@C_{60}（氮内嵌富勒烯）

高松院士团队长期致力于分子磁性相关的物理、化学现象的研究与应用，在磁有序、磁弛豫、磁电耦合与量子信息材料方面做出了创造性的贡献。团队目前主攻方向为磁性分子量子信息材料的制备、优化与应用。

陈小明院士团队主要开展金属-有机框架材料等分子晶态化合物的研究，在迄今已知的超10万种金属-有机框架材料中，创制、首次报道的MAF-4微孔材料已成为国际上研究最多、应用最广的标志性金属有机多孔材料。

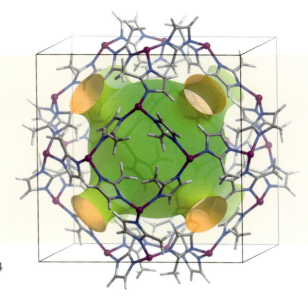

2-甲基咪唑锌 MAF-4

·中山大学华南高等级生物安全实验室

中山大学华南高等级生物安全实验室是经国家发改委批复同意建设，我国高校近20年来唯一获批的最高级别生物安全实验室，预计建成为国内规模最大，全球功能最强的生物安全实验室，助力守好祖国南大门。

2023年12月20日，中山大学华南生物安全四级实验室建设工程启动仪式

· 全国重点实验室（共建）

进入新时代以来，我校在自建"光电材料与技术""水产动物疫病防控与健康养殖""华南恶性肿瘤防治""眼病防治"等四个全国重点实验室的基础上，还合作共建三家全国重点实验室。

隧道工程灾变防控与智能建养全国重点实验室

隧道工程灾变防控与智能建养全国重点实验室揭牌

该实验室依托中山大学、山东大学、中国矿业大学（北京）共同建设。实验室以隧道灾害定量预报、灾变预警与防控、智能建养为重点，致力于基础理论创新和关键技术突破，支撑重大隧道工程安全建设，打造隧道智能建养产业链国际制高点和本领域国家战略科技力量、创新人才高地。

工业产品环境适应性全国重点实验室

工业产品环境适应性全国重点实验室

工业产品环境适应性全国重点实验室由中国电器科学研究院有限公司牵头，是首批企业类国家重点实验室。它面向"产业基础高级化"国家战略需求，专注极端环境下产品性能-寿命-低碳质量目标协同研究。中山大学为实验室核心依托单位，旨在加强对海洋典型与极端环境的观测与研究，构建海洋极端环境及影响效益的全链条创新体系，推动海洋环境监测预报、海洋工程技术与材料研制的发展。

抗感染新药研发全国重点实验室

抗感染新药研发全国重点实验室启动仪式

该实验室由中山大学与广东东阳光药业有限公司合作共建。实验室定位于抗感染创新药物的研发，力争突破传染病致病机制、新靶标发现及原创新药等关键科技问题，产出一批新理论、新靶点、新技术和原创新药成果，储备应对突发和重大传染病的科技能力，助力实现"健康中国"战略目标。

第四篇章 时代新篇

肆 绿色大湾区

中山大学在新型能源研发、河口海岸研究、大城市生态修复及沿海生物多样性保护等方面致力于大湾区经济发展及生态文明建设，打造绿色大湾区。

·核能技术的研究与应用

2009年12月21日，在中法两国总理的见证下，中山大学与法国民用核能工程师教学联盟在人民大会堂正式签署合作协议，共同组建中法核工程与技术学院。

◌ 我校时任校长黄达人（前排右一）和法国格勒诺布尔国立理工学院校长保罗·雅克（Paul Jacquet）（前排左一）签署合作协议

◌ 中法核工程与技术学院铅铋综合回路实验平台，服务于国家第四代先进核能系统战略需求

·生态系统保护与修复

环境科学与工程学院仇荣亮等聚焦重金属污染农田和工矿场地的土壤绿色修复及安全利用这一世界性难题,研发"植物阻隔—植物提取—植物稳定""地貌重塑—土壤重构—生态重建"等技术,创建完整覆盖污染农田和工矿场地的可复制、可推广的安全利用模式,成果在全国23个省、市和自治区应用推广,为全球土壤污染修复及环境管理提供了中国方案。该项目获国家科学技术进步奖二等奖。

仇荣亮(中)及其团队在研讨中

材料科学与工程学院孟跃中团队在国家"863计划"等项目支持下,首次在全球成功用二氧化碳合成全降解塑料。该技术已转让给7家大型石化企业,实现大规模产业化,年减排二氧化碳超40万吨。

孟跃中团队研究合成的全降解塑料

中山大学河口海岸研究所自20世纪60年代始致力于河口海岸研究,长期从事华南海岸、珠江河口及华南诸河口"动力—沉积(泥沙)—地貌"过程研究,为广东、广西、海南及港澳地区海岸带资源开发利用,港口航道建设,核电、火电建设等提供重要基础理论及关键技术支撑,2015年在港珠澳大桥岛隧工程E15沉管回淤专题攻关中荣获集体特等功。

2007年,河口海岸研究所科研人员考察珠江磨刀门拦门沙

环境科学与工程学院孙连鹏团队将厌氧侧流生物选择反应器引入污水处理过程，开发能稳定获得25%以上的污泥源减量效果的污水处理新工艺及装备，有效缓解污泥处理处置难题，每年为企业减少近千万元的污泥处理处置费用，已在省内多地推广使用。

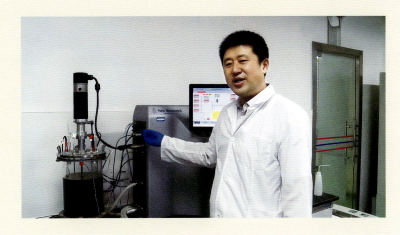

➲ 孙连鹏接受中央电视台采访，介绍团队研究成果

环境科学与工程学院江峰带领团队与香港特别行政区渠务署、香港科技大学等紧密合作，共同研发城市排水系统有毒有害气体产排预测与风险管控技术，实现排水管道硫化氢危害风险的精准化、系统化管控。该技术已在香港、广东等地得到广泛应用。

➲ 江峰（右一）带领队伍在香港观塘污水泵房考察工程现场

· **生物多样性保护与利用**

我校综合生物地球化学、生态学、微生物学、土壤学、水文学和沉积地貌学等学科，围绕粤港澳大湾区生态建设，研究红树林在净化海水、防风消浪、固碳储碳、维持生物多样性等方面的工作原理及机制，推动实现生态保护与经济发展的良性循环。

➲ 2024年1月，生命科学学院施苏华在泰国拉廊府人与生物圈保护区进行红树林生态调查

➲ 生命科学学院彭少麟团队建立华南地区主要入侵植物的生态防控技术模式。图为彭少麟（左二）带领团队在澳门生态二区调查

生命科学学院谢强研究组发现并以中国官方地名命名多个新物种，其中羚羊礁海蝽、西沙涯蝽、版纳丝蝽等新物种得到人民网、新华网等多家媒体宣传报道。

◐ 谢强在西沙进行科考

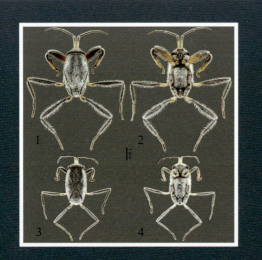

◐ 羚羊礁海蝽（1、2为雄性背、腹，3、4为雌性背、腹）

◐ 西沙涯蝽（A、B、C为雄性背、侧、腹，D、E、F为雌性背、侧、腹）

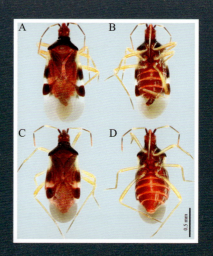

◐ 版纳丝蝽（A、B为雄性背、腹，C、D为雌性背、腹）

我校海洋科学学院长期致力于对海洋旗舰物种——中华白海豚的保护和研究工作，为中华白海豚等濒危海洋生物的保护提供科学参考。近20年来，已在大湾区海域累计辨识中华白海豚个体2500余头，累计处理大湾区鲸类搁浅事件近400例（其中中华白海豚逾250例），并建立大湾区海洋鲸类信息数据集与全球首个中华白海豚皮肤成纤维细胞系，为海洋鲸类的研究和保护提供宝贵平台。

◐ 我校科研人员在江门台山海域进行白海豚调查

近年来，我校在粤港澳大湾区建立多个野外科学研究观测站，并在深圳、东莞及汕尾等地开展样线调查。同时，围绕野生动植物保护，在内伶仃岛等地建立野外猕猴监测基地。

🔾 中山大学珠江口海洋生态环境教育部野外科学观测研究站科研人员在珠海万山群岛海域进行珊瑚生态调查

🔾 中山大学车八岭生物互作与森林生态系统野外科学观测研究站科研人员拍摄的国家二级保护野生动物白鹇

🔾 中山大学内伶仃岛野外监测基地科研人员进行猕猴种群动态监测

🔾 中山大学广东黑石顶地带与非地带性森林生态系统教育部野外科学观测研究站鸟瞰图

伍 健康大湾区

中山大学以实力雄厚的医学及生命科学为基础，结合新型工科，在预防医学、生物医药、生物医学工程、民族种业等方面，致力于大湾区人民生命健康与生活质量提升。

· 生物医药与生物医学工程

粤港澳大湾区是鼻咽癌的高发区。肿瘤防治中心曾木圣等围绕华南EB病毒相关鼻咽癌高发但缺乏高效筛查手段和上市疫苗难点展开攻关，阐明EB病毒诱导肿瘤细胞可塑性的致癌新机制，构建EB病毒疫苗设计分子基础，并与相关企业合作，研发出EB病毒预防性疫苗。该项目获2023年国家自然科学奖二等奖。

曾木圣（中）指导学生做实验

中山眼科中心林浩添团队联合计算机学院黄凯团队及多家医、研、产机构联合攻关的全国产化"5G远程微米级眼科手术机器人"，在海南省眼科医院成功开展全球首例5G远程微米级眼科手术，手术效果安全稳定。

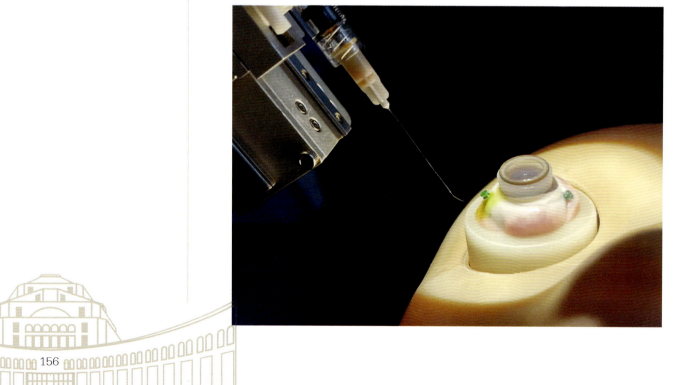

眼科手术机器人

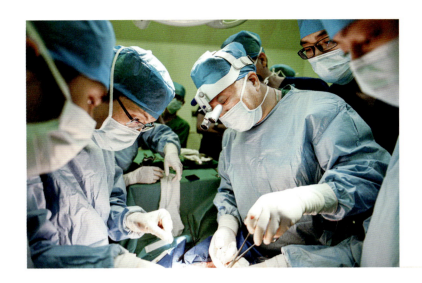

附属第一医院何晓顺团队首创"无缺血"器官移植技术，通过体外灌注设备模拟人体内环境，实现手术全过程无缺血，破解器官移植手术中的供体器官缺血损伤难题。

◐ 何晓顺（左三）及其团队正在进行"无缺血"器官移植手术

孙逸仙纪念医院林天歆等首创膀胱癌人工智能数字化诊断新技术，研发国产手术机器人辅助腹腔镜系统，目前已推广应用于全国600多家医院。该项目获2023年国家科学技术进步奖二等奖。

◐ 林天歆（左一）在指导学生进行实验

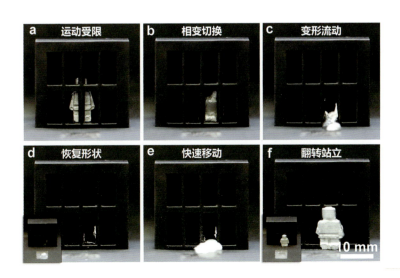

生物医学工程学院蒋乐伦团队研发世界首台自驱动磁控固-液相变机器人，实现固态和液态间可逆切换，可用于电子电路修复、零部件组装和体内异物提取。

◐ 磁控固-液相变液态金属机器人"越狱"示意图

中山大学"蚊子工厂"

昆虫不育技术（SIT）是指，通过辐射或其他手段使雄性昆虫绝育，并将其释放到野外，其在与野生雌虫交配后，致使雌虫无法产生成活的后代。SIT是世界卫生组织（WHO）优先推荐的蚊媒防控技术之一。2021年6月1日，中山大学成立国际原子能机构核技术（昆虫不育）协作中心，中山大学"蚊子工厂"是该中心的核心科研平台，专注于绝育雄蚊大规模生产与技术研发，已成为国际原子能机构蚊虫防控技术合作中心。

中山大学"蚊子工厂"

科研人员在"蚊子工厂"进行讲解

2021年6月1日，出席北京签约仪式者合影（左一、左三、左四分别为宋尔卫、张克俭、罗俊）

科研人员在做记录

我校科研人员赴南非国家传染病中心提供蚊虫SIT培训

·民族种业

中山大学水产动物疫病防控与健康养殖全国重点实验室牵头企业和其他科研单位联合培育鱼虾新品种11个,其中"海兴农2号"虾苗生产销售额连续三年(2020—2022年)国内第一,使我国摆脱了优质种虾资源被外国企业"卡脖子"的困境;研发鳜传染性脾肾坏死病疫苗,现已大规模推广;研制出具有完全自主知识产权的"石斑1号"40K石斑鱼基因组育种液相芯片。

虎龙杂交斑　　金虎杂交斑　　罗非鱼"百容1号"

全雌翘嘴鳜"鼎鳜1号"　　云龙石斑鱼　　长珠杂交鳜

凡纳滨对虾"中兴1号"　　凡纳滨对虾"中兴2号"　　凡纳滨对虾"海景洲1号"

凡纳滨对虾"海兴农2号"

凡纳滨对虾"海兴农3号"

生命科学学院陈月琴团队利用非编码RNA进行水稻性状改良，针对渔稻共生综合种养系统，于2010年起开发6种水稻新品种，并已在广州、清远混合试种300余亩。其中，"逸仙1号""逸仙秀香""逸仙禾香"和"月香丝苗"于2023年申请新品种权。农学院肖仕团队培育出对稻飞虱和基腐病等病虫害具有广谱抗性，且产量显著提升的高抗、高产、优质水稻新品系"逸仙2号"。以上新稻种取名"逸仙"，意在接续我校20世纪30年代"中山"系列水稻育种事业。

"逸仙1号"

"逸仙1号"广东清远试种场

"逸仙2号"

"逸仙2号"广州增城试种场

生命科学学院陈瑶生团队运用杂交育种、常规选育和分子标记技术，聚合多个生态区域猪种，培育出"乡下黑猪"。该品种瘦肉率53%，肌内脂肪含量3.7%，日龄210天可达100 kg体重。

陈瑶生团队培育的"乡下黑猪"品种

陆 人文大湾区

粤港澳三地不仅共处同一湾区，而且语言相通、血脉相连，经济互动及人员往来极为频繁，形成了富有特色的区域经济及社会文化共同体。中山大学人文社会科学底蕴深厚，长期深耕大湾区，以一系列创造性学术成果，呈现大湾区人文之光。

· 华南研究

我校以粤港澳大湾区为研究基地的区域社会经济史研究，长期与香港多所大学紧密合作，扎根华南地区，在族群与区域文化、民间信仰与宗教文化、传统乡村社会研究等学术领域开展深入研究，从理论上建立起关于中国东南地域社会历史新的解释框架，并努力将由华南研究形成的学术路径扩展至华南以外的中国地域社会，形成关于中国社会的历史人类学研究学术体系，力图对历史学、人类学和人文社会科学整体发展有所贡献。该研究团队被学界称为"华南学派"。

历史人类学研究中心团队在广东省中山市民众镇调研

历史人类学研究中心团队在广东省佛山市顺德区陈村镇调研

2009年中山大学历史人类学研究中心与香港中文大学、香港科技大学合作，共同主持香港特别行政区大学教育资助委员会（UGC）设立的"卓越学科领域计划"（AoE）项目"中国社会的历史人类学研究"，组建香港中文大学—中山大学历史人类学研究中心，聚集了国内多所大学的学者，取得了在国际学术界产生重大影响的研究成果。

"中国社会的历史人类学：总结与前瞻"学术研讨会与会人员合影

2024年10月14日，中山大学香港高等研究院在香港科学园揭牌

· 中山大学香港高等研究院

2024年10月14日，中山大学香港高等研究院在香港科学园揭牌，这是内地高校在香港成立的首个综合性研究机构。研究院先行建设生物医学研究中心、应用数学研究中心、人文社科交叉研究中心三大中心，2024年将首次招收博士和硕士研究生，未来还将开展本科教育。

· 国家高端智库——粤港澳发展研究院

中山大学粤港澳发展研究院是首批国家高端智库试点单位，成立于2015年。研究院在教育部人文社会科学重点研究基地中山大学港澳珠江三角洲研究中心、港澳与内地合作发展协同创新中心等基础之上，建成港澳治理与粤港澳合作发展领域的专业化高端智库。研究院在港澳治理与粤港澳大湾区建设的关键决策上发挥积极作用。

2021年以来，中山大学粤港澳发展研究院每年举办全球湾区国际学术会议，共同推动湾区研究的全球学术共同体建设

· 西学东渐　东学西传

中山大学西学东渐档案馆和中山大学广州与中外文化交流研究中心是哲学系开展跨文化研究的两大重要基地，围绕以广州为中心场域的中外文化交流（含西学东渐与中学西传）现象开展文献整理、出版和研究，主编《西学东渐研究》，出版"中山大学西学东渐文献整理丛书之明清系列"和"中山大学西学东渐文献整理丛书之晚清西学丛书"。

西学东渐文献馆副馆长、广州与中外文化交流研究中心执行主任梅谦立长期聚焦明清时期中西文化交融，关注中法之间文明交流互鉴。

2006年12月1日，中山大学西学东渐文献馆揭牌

2021年4月16日，中山大学东西哲学与文明互鉴研究中心举行揭牌仪式

《参考消息》2024年2月29日第8版刊载了对法国汉学家、我校哲学系教授梅谦立的专访

·"见人见物见生活"

传统戏曲、口传文艺与民俗、非物质遗产保护对策是中国语言文学系在非遗研究领域的专长。研究团队以中山大学中国非物质文化遗产研究中心为依托，聚焦非遗保护的中国经验、中国标准，参与编制《广东省省级非物质文化遗产工作站管理办法》《广东省省级文化生态保护区管理办法》《广东省省级非物质文化遗产代表性传承人认定与管理办法》等，促进大湾区非遗融入现代生活。

2015年，中文系非遗研究团队在香港佛教慧因法师纪念中学考察交流

中国语言文学系方言学研究团队寻访、收集、整理了包括官话、粤语、闽语、客家话、吴语等早期汉语文献达两百余种。

方言学研究人员在海南陵水做疍家话调查

·大湾区善治人才培养

政治与公共事务管理学院1994年至2001年在澳门举办行政管理专业硕士研究生班8届，培养硕士研究生163名。2002年至2024年面向澳门地区招生培养博士9名。2005年至2015年在香港举办行政管理专业硕士研究生班4届，培养硕士研究生104名。2002年至2024年面向香港地区招生培养博士6名。

2016年6月18日，2015级行政管理硕士（香港班）返校与MPA学生进行学术交流

2024年5月1日，政治与公共事务管理学院（澳门）校友会首届会员大会暨理监事会就职典礼

· 大湾区人文共同体重点实验室

2022年4月6日，大湾区人文共同体重点实验室成立。实验室依托社会学与人类学学院，整合校内旅游管理、非物质文化遗产、地理学、哲学、历史学、金融学、管理学等学科的科研力量，围绕人与社会、人与文化、人与经济、人与自然四大领域开展协同创新。

⇨ 2022年4月，大湾区人文共同体重点实验室揭牌

· 探索粤港澳法治融合与发展

法学院注重推动粤港澳大湾区高质量发展法律制度创新，与港澳高校就学科建设、人才培养等开展合作，努力打造以国际法治、大湾区法治为龙头的涉外法治人才培养创新品牌。

⇧ 2024年5月，在两校校长的见证下，中山大学法学院和香港城市大学法学院签署了《香港城市大学与中山大学法学精英项目合作协议》

·从大湾区到"一带一路"

近年来,中山大学考古队除了在广东、海南、香港和澳门等华南地区开展考古之外,还从大湾区走向"一带一路",远赴印度尼西亚、越南、伊朗、蒙古、肯尼亚、以色列、意大利等国进行考古挖掘工作。

海南

↑ 2022年9月至2023年1月,经国家文物局批准,社会学与人类学学院联合海南省博物馆、海口市文物局对海南省海口市琼山区珠崖岭城址开展主动性发掘,以确认珠崖岭城址的年代及文化内涵

香港九龙

↶ 2012年12月,中山大学考古队在香港九龙圣山遗址考古发掘

澳门

↶ 2006年11月至2007年1月,社会学与人类学学院受邀与香港及澳门考古学者组成联合考古队,对澳门路环岛20世纪70年代发现的5处考古遗址再次进行遗址复查工作

印度尼西亚

↑ 2013年9—10月,中山大学考古队在印度尼西亚北马鲁古省帝多雷岛(Tidore)Mareku村和Topo村进行考古发掘

英国

↶ 2017年8月15日至9月4日,中山大学社会学与人类学学院考古专业师生和英国阿伯丁大学考古系师生共同对莱尼(Rhynie)遗址进行合作发掘

意大利

以色列

🔸 2017—2019年，社会学与人类学学院和意大利索拉纳"文化与疆域"协会合作，对伦巴第时期墓葬遗址进行了4次发掘

🔸 2015—2018年，考古学专业师生共4批次参加以色列加利利海科西海滩的考古挖掘

2016年社会学与人类学学院和越南河内国家大学下属人文与社会科学大学历史系签署为期五年的《共建越南嬴㜢古城遗址考古实习教学科研基地框架协议》，并以越南北宁省顺城县清姜社陇溪村嬴㜢古城遗址为对象，双方共同开展以考古调查、发掘、整理、保护、研究为主要内容的实习、教学、科研活动。

越南

蒙古

🔸 2016年，中山大学考古专业师生参与越南北宁省陇溪城址考古发掘

🔸 2024年7—8月，中山大学、内蒙古大学、蒙古国科技大学中蒙联合考古队发掘了乌里雅苏台城关帝庙遗址，发掘面积为540平方米，发现大殿基础、房址、台基、鹅卵石路面、牛羊颅骨坑等遗迹

东非

伊朗

🔸 社会学与人类学学院自2012年起同肯尼亚帕瓦尼大学人文学院等单位开展了海上丝绸之路、东非考古学与人类学研究。考古队员发现了明代的"永乐通宝"钱币及大量中国瓷器，证明了中国文化自唐代以来便以瓷器为载体通过海上丝绸之路传向非洲

🔸 2016年12月15日至2017年1月15日，社会学与人类学学院考古团队应邀赴伊朗锡斯坦—俾路支斯坦省的锡斯坦盆地进行考古调查发掘

柒

医者海外足迹

在抗击新冠疫情和响应国家"一带一路"倡议的过程中，中山大学各附属医院的援外医护人员活跃于世界各地，助力构建人类卫生健康共同体。

2020年3月21日，我校附属医院医护人员驰援塞尔维亚抗击新冠疫情，总统武契奇亲自到机场迎接，并与专家组成员"碰肘"致意

1　　　2　　　3　　　4

1. 塞尔维亚金质功勋奖章（获得者：郭禹标、熊艳、林炳亮、成守珍、唐可京、刘大钺）
2. 塞尔维亚保卫国家最高荣誉勋章（获得者：郭禹标、熊艳、林炳亮、成守珍、唐可京、刘大钺）
3. 南丁格尔奖章（获得者：成守珍）
4. 全国援外医疗工作先进个人奖章（获得者：吴德熙）

塞尔维亚总统武契奇在机场发表讲话

油画《战疫2020》〔作者：中山大学附属第一医院冯霞、陈赛，发表于美国《麻醉学》（Anesthesiology）杂志〕

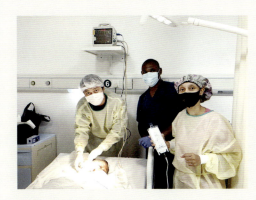
在当地医生的协助下，我校附属第一医院医生吴德熙（左一）为患者成功植入了多米尼克第一例临时起搏器

我校附属第七医院援外医生莫智峰（左）在赤道几内亚为病人做手术

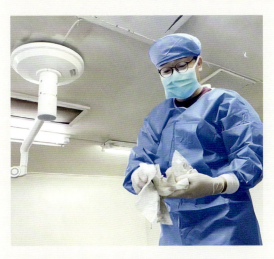
我校眼科中心医生杨勇彬在基里巴斯做完手术后打扫手术室

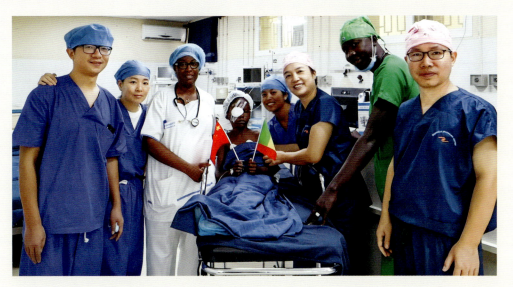
我校眼科中心医生陈伟蓉（右三）为塞内加尔患者Fatou完成白内障手术后合影

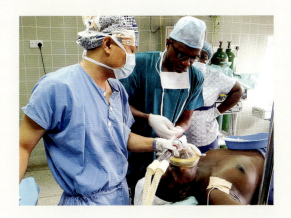
2012年我校第一附属医院麻醉科医生杨璐（左一）援助加纳医疗

我校眼科中心援外医疗队与瓦努阿图患者合影

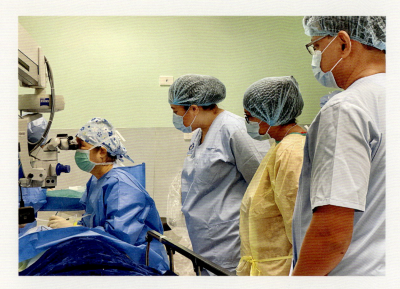

↑ 我校眼科中心医生陈伟蓉（左一）在斐济开展白内障手术

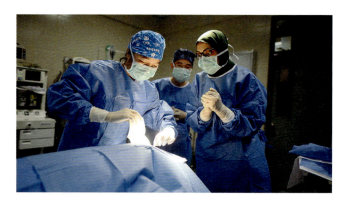

↑ 我校眼科中心医生陈伟蓉（左）在马尔代夫给当地医生示范教学

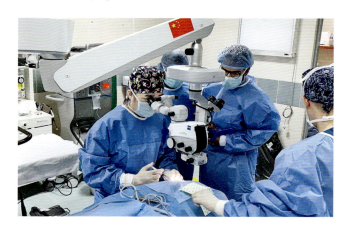

↑ 马尔代夫卫生部国务部长沙阿·马希尔（右二）在中国-马尔代夫眼科中心观摩我校眼科中心医生进行临床手术

← 2020年1月13日，由我校眼科中心援建的中国-马尔代夫眼科中心正式揭牌

捌 山高水长

第四篇章　时代新篇

　　世纪中大，山高水长。育人永远是大学的第一使命。百年中大育人百万，其贡献已融入国家独立、民族复兴和民生改善的伟业中。迈进新时代，中山大学学科布局、科研方法与办学条件跃上新高度，教育与科学研究更加全面融入中国式现代化进程。育人不仅在校园里，更在健康中国、乡村振兴、西部开发、"一带一路"、先进制造，以及挺进"深空、深海、深地、深蓝"和文理科基础理论领域的攻关实践前沿。远山边寨、深海大洋、深蓝世界、浩渺深空等等，都是新时代讨究世界之最新学理和技术的崭新空间，更是我校在奋进一流大学征途中，为国育人，奋力续写山高水长靓丽篇章的崭新舞台。

· 新疆

医疗援建

　　中山大学附属喀什医院为全国第二批国家区域医疗中心试点单位，也是南疆首个国家区域医疗中心。中心按照"立足南疆，面向全疆，服务'一带一路'"的发展定位，以传染病科、重症医学科、呼吸内科为核心科室，构建起以该区域医疗中心为依托的南疆医疗服务和传染病防治网络体系。在与"一带一路"周边国家的科研技术合作中，辐射带动并提升周边国家重大传染性疾病的防控救治能力，最终形成与周边国家"政治关系更加友好、经济纽带更加牢固、安全合作更加深化、人文联系更加紧密"的合作新格局。

2023年7月3日，中山大学附属喀什医院举行落成揭牌仪式

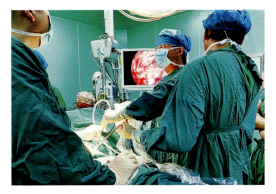

开展新疆首例自主呼吸麻醉无管单孔胸腔镜手术

实施粤喀5G远程机器人泌尿外科手术

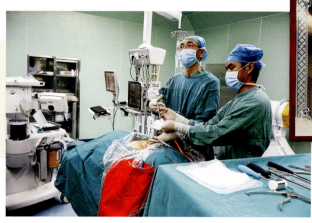
完成南疆首例复杂腰椎管狭窄症的双通道内镜下单侧入路双侧减压手术

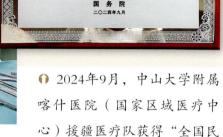
2024年9月,中山大学附属喀什医院(国家区域医疗中心)援疆医疗队获得"全国民族团结进步模范集体"称号

中山大学生态林

喀什地区麦盖提县地处塔克拉玛干沙漠西南边缘,三面被沙漠包围,是全国唯一一个嵌入沙漠的县。2019年我校与麦盖提县达成共识,援助麦盖提县实施中山大学防风固沙生态林建设。目前援建的1万亩生态林已全部完成建设,累计栽植杨树、沙枣、梭梭等各类苗木360万株,总成活率达85%以上。

"中山大学生态林"石碑

中山大学生态林

• 西藏

支教林芝

中山大学是全国最早开展中国青年志愿者扶贫接力计划研究生支教团的高校之一。2005年至2024年，我校研究生支教团已选派170名队员到西藏林芝服务。志愿者教授的学生覆盖藏族、回族、珞巴族、门巴族等多个少数民族。2019年至2021年，陈思琪、白玛永措、于泽斐、扎西尼玛、贡觉卓玛5位同学从西藏林芝考入中山大学。

支教之余，支教团深入林芝贫困地区开展调研，积极整合社会资源，先后在林芝地区多所学校募捐建设艺术教育基地、医务室、阶梯教室等爱心工程，设立"一对一"助学金、"高原励志"奖学金、"时代中大"奖教金，发起"淘孩子一个心愿""博物馆进校园""暖冬行动""青翼计划青少年文化交流行""甘泉行动"等志愿服务项目。2010年，支教团在林芝市巴宜区中学率先建立了世界上海拔最高的"梦想中心"，推动梦想课堂成为巴宜区中学七年级学生的必修课程。

中国人民海军首位女舰长、第7届研究生支教团林芝分队队员韦慧晓和学生们

第19届研究生支教团林芝分队汪艳现已通过志愿者留藏考试，成为林芝市第一中学的一名正式教师

第13届研究生支教团林芝分队在墨脱小学捐赠幸福厨房

第20届研究生支教团林芝分队队员向当地驻村扶贫干部了解村里脱贫户情况

第15届研究生支教团林芝分队队员向米瑞乡小学捐赠多媒体设备并与孩子们合影

第20届研究生支教团林芝分队队员为朗县小学学生送去暖冬物资

医疗帮扶

2002年以来,我校充分发挥医学学科优势、人才优势和优质医疗资源优势,对口支援林芝市人民医院、西藏民族大学附属医院两所医院。我校各附属医院也结合自身医疗优势,对口帮扶西藏相对偏远和发展落后县城的医院,为建设"健康西藏"提供了有力保障,以实际行动提升边疆人民的获得感、幸福感、安全感。

中山大学附属第一医院援藏医生吕鉴尧在巡诊途中给藏民做B超检查

中山大学附属口腔医院医生在林芝市人民医院开展示范性教学

中山大学附属第五医院外科医生杨中萌在西藏林芝市墨脱县巡诊

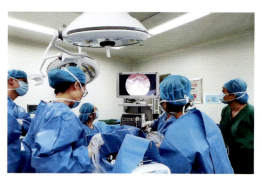

孙逸仙纪念医院妇科肿瘤专科医师姚婷婷(左二)以无碎瘤方式为藏族妇女进行腹腔镜子宫肌瘤剔除术

支教昌都

自2014年起,中山大学研究生支教团先后选派志愿者前往西藏昌都开展支教服务。十年来,共36名研究生支教团队员先后服务于昌都地区。

第18届研究生支教团昌都分队队员与学生在一起

第20届研究生支教团昌都分队队员与学生合影

第19届研究生支教团昌都分队队员进行学生家访

第24届研究生支教团昌都分队队员与学生合影

· 云南凤庆

医疗帮扶

中山大学自2014年起在云南省凤庆县开展医疗帮扶，十年来，我校瞄准当地百姓最关切的民生问题，以破解因病返贫困境为核心，十家附属医院精锐尽出。通过"帮扶举措三步走，持续发展一条路，综合能力三级跳"——"313"行动，不断构建组团派驻、人才培养、专科打造、健康科普、资源共享"五位一体"的中山大学医疗帮扶"凤庆模式"，助力凤庆县医疗卫生服务水平不断提升，滇西医疗高地初现雏形。

何裕隆团队在凤庆县人民医院开展手术带教

中山眼科中心医生指导当地医务人员开展高难度手术

支教凤庆

2014年，中山大学研究生支教团首次走入凤庆县。十年来，有52名支教团队员服务于凤庆县。据不完全统计，自2018年以来，支教团教授的学生至少达3000名，覆盖彝族、白族、回族、布朗族等13个少数民族。其中27名学生考入双一流大学，鲁史中学赵永树、普李荣和何应喆3名学生考入中山大学。

支教团整合社会资源，在支教点设立"一对一"爱心助学项目、"博研励志班"及"中山大学西部励志奖学金"等奖助项目。2017年支教团发起"圆孩子一个心愿，给孩子清晰的世界"志愿服务项目，累计覆盖鲁史中学约2000名学生。

第18届研究生支教团凤庆分队队员与学生合影

第23届研究生支教团凤庆分队队员家访鲁史中学学生，途中偶遇开巡耕机回家的学生家长

第22届研究生支教团凤庆分队队员与学生互换明信片

第24届研究生支教团凤庆分队队员在授课

"共同缔造"

2021年，中山大学地理科学与规划学院李郇带领团队师生进驻凤庆县开展"共同缔造"实践，通过访谈、参与式观察、航空摄影测量、规划设计、在地共建等技术方法，实施"美好环境与幸福生活共同缔造"行动，于红塘村开展房前屋后小菜园改造，于塘房村开展传统农房保护与现代化改造，其经验被教育部官网、《中国青年报》《云南日报》等多家媒体报道。

"共同缔造"团队师生协同当地村民在红塘村调研、建小花园

"共同缔造"团队师生在塘房村与村民一起盖房子

"放马来"

2022年4月，中山大学哲学系与凤庆县马庄村党总支开展党建结对共建。2022年8月，哲学系师生来到马庄，围绕马庄茶产业开展一系列调研，开启宣传助农的探索之旅。两年来，师生多次自发赴马庄拍摄取材，与当地茶农共同劳动，入户访谈了解茶农的生计模式，开通"放马来"微信和视频公众号并进行多场直播，帮助马庄农民专业合作社建立自己的茶叶品牌。

学生与茶农同劳动　　同学们入户调研　　哲学系师生帮助马庄茶农直播卖货

•云南澄江

医疗援建

中山大学和澄江市有着深厚的历史渊源。全面抗战期间，我校曾迁校澄江办学一年半，与澄江民众结下深厚情谊。2017年3月22日，我校与玉溪市政府签订合作框架协议，支持在澄江市建设高端化、国际化的三级甲等综合医院玉溪市中山医院。

↪ 云南省玉溪市中山医院

支教澄江

2007年以来，中山大学研究生支教团先后共派出67名队员赴澄江开展支教服务，其所教授的学生覆盖彝族、哈尼族、回族、苗族等多个少数民族。支教团在我校有关部门支持下，设立"西部励志奖学金""博研励志奖学金"等奖助学金项目，还在支教点开展"光明行动""洁手行动""三行情诗"等特色活动。

↪ "全国乡村振兴青年先锋"、第16届研究生支教团澄江分队队员万雅文和孩子们在一起

↪ 第9届研究生支教团澄江分队队员与学生们在宿舍欢度中秋

↪ 第10届研究生支教团澄江分队队员带学生做课间操

↪ 第18届研究生支教团澄江分队队员在上课

"阿者科计划"

"阿者科计划"是中山大学旅游学院保继刚团队编制的遗产保育与旅游可持续发展计划。从2018年到2023年,中山大学旅游学院派出9批驻村硕士生、博士生共18人,每批驻村半年。在一批批驻村研究生的管理与推动下,"阿者科计划"项目执行团队不断拓展旅游资源,优化旅游项目。截至2023年5月,该计划帮助阿者科实现旅游总收入288.09万元,户均分红14146元。"阿者科计划"成为旅游减贫的中国样本,发起者保继刚获第16届尤利西斯奖。

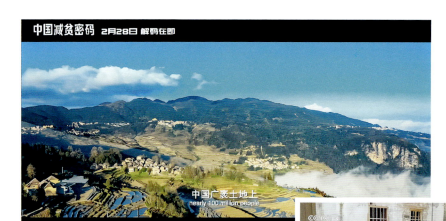

2021年10月,"阿者科计划"入选大型纪录片《中国减贫密码》

央视《新闻调查》栏目对"阿者科计划"进行深度报道

保继刚带领旅游管理专业本科生前往阿者科实习

2021年3月4日,阿者科第四次分红大会现场

·广东连州

对口帮扶

2013年以来，我校接力帮扶广东省连州市种田村、柯木湾村和丰阳镇。与连州结对帮扶11年来，我校坚持地方所需、尽己所能，积极统筹优势资源，不断深化与连州在医疗、教育、产业等方面的帮扶合作，并建立"中山大学劳动教育实践基地"。

连乡硒裕——挖掘天然富硒资源，助力连州乡村振兴"百千万工程"突击队合影

中山大学劳动教育实践基地

丰阳优品电商参加第30届广州展销会

连州市丰阳镇电子商务中心揭牌

软件工程学院"数字丰阳"实践团成员开展电商助农直播

在中山大学团委的支持下,我校分别组建了23支青年大学生"百千万工程"突击队赴连州、32支青年大学生"百千万工程"突击队赴高州开展社会实践,把"双百行动"的新天地作为立德树人的大课堂,让更多青年学子在乡村振兴的舞台上发光发热、贡献青春力量。

丰"遗"足食突击队成员在当地农贸市场向传承人了解丰阳牛肉干制作技艺

连州丰阳"连"动未来突击队"马不停蹄"项目深入挖掘马蹄食、药用价值。农学院谭金芳进行土壤取样实地指导

丰"遗"足食突击队成员在"百千万工程"中山大学·连州工作站前合影

生命科学学院吴灏在实验室带领学生团队开展马蹄健康价值评价实验

中山医学院积极响应学校号召,于2024年7月14日至20日前往连州市北山中学开展为期一周的支教活动。支教团结合医科专业特色,围绕北山中学学生的实际需求,特设"人体大侦探""急救知识与技能""心理情景剧""防不胜防的虫子""青春性教育"和"大学前瞻"六大核心课程,为学生们编织一幅与众不同的知识图景。

支教团队员讲授急救知识及示范急救技能

• 海上移动课堂

为服务海洋强国建设，推动涉海专业人才培养，促进学科交融，推进涉海高校科考与实习联盟建设，中山大学海洋科学考察中心充分利用"中山大学"号海洋综合科考实习船、"中山大学极地"号大平台，为国内高校涉海专业本科生提供参加实习航次的机会。

"中山大学"号

2021 12.22 — 12.27 "中山大学"号科考试航航次

2022 06.15 — 06.19 "中山大学"号科考首航暨南海西边界流综合调查航次第一航段

↻ 探测技术人员及参航师生进行物理海洋观测

↻ 参航教师及科研人员收获海底泥样品

2022 07.15 — 07.23 "中山大学"号科考设备海试验收航次第二航段

2022 08.19 — 08.21 "中山大学"号暑期学生实习航次

↻ 参航师生布放电视抓斗

↻ 学生冲洗生物拖网

2023 07.06 ▼ 07.13 "中山大学"号暑期学生实习航次

2023 11.05 ▼ 11.17 "中山大学"号设备海试暨南海西边界流观测航次

↑ 学生学习CTD工作原理

↑ 参航师生开展透明度盘使用教学

↑ 参航师生准备放飞探空气球

2024 07.01 ▼ 08.29 "中山大学"号印度洋航次

↶ 科考团队师生为确保数据安全,冒雨完成收标工作

↶ 科考团队师生在南海海域成功完成声源级标定后顺利返航

↶ 科考团队师生准备下放小艇进行海上任务

"中山大学极地"号

2022 01.16 ▼ 02.03

"中山大学极地"号渤海试航

中山大学测绘科学与技术学院学生参与多项科研任务，包括大气、海洋走航观测以及船舶冰区航行监测；接触并学习操作多种仪器设备，如大气方舱、气溶胶光学厚度仪、重力仪、艏尖舱应变片等。

学生使用气溶胶光学厚度仪测量大气气溶胶参数

师生使用小型温盐深仪测量表层海洋物理参数

2024 07.26 ▼ 10.07

"中山大学极地"号北极科考航次

中山大学测绘科学与技术学院4名博士生参加了"中山大学极地"号北极科考航次。本航次从广州出发，由白令海峡向北进入北冰洋，开展大洋和冰区考察。考察期间，学生参与了北冰洋区域海冰、海洋、大气以及生态等的走航、站位观测，学习使用船载气象设备、海冰走航观测系统、冰基浮标、冰雪测量设备、自主水下潜器等仪器，获取极地现场宝贵资料，积累了极地科考经验。

北极科考中山大学参航科考队员冰上合影

我校自主研发的跨介质无人飞行器准备起飞

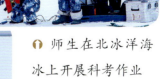

师生在北冰洋海冰上开展科考作业

学生在85°N、159°W冰站进行地物光谱测量工作

玖 校园生活

· 中山大学龙舟队

早在2003年中山大学就成立了社团性质的龙舟队，2007年我校将龙舟课设为公共选修课。同年，我校开始举办龙舟比赛，最初是广州校区东校园四院系举办龙舟赛，后逐渐成为校内重要赛事，2016年始举办校际联赛。

端午节前后，中山大学龙舟队在东校园谷河训练

2024年5月18日，中山大学龙舟队与北京大学龙舟队荡起"友谊的双桨"

• 中山大学排球队

中山大学是排球项目上的传统强校，自2007年参加第一届广东省大学生排球联赛以来，中大排球队屡创佳绩，2024年荣获2023—2024中国大学生排球联赛（CUVA）普通本科组男子总冠军、高水平组女子季军，并斩获了高水平组男子总冠军。

🎤 我校高水平女子排球队（白队服）斩获2018—2019中国大学生排球联赛女子组亚军

↶ 中山大学高水平男子排球队问鼎2023—2024中国大学生排球联赛（高水平组）总决赛（男子组）全国总冠军

↶ 2023—2024中国大学生排球联赛（普通本科组）比赛现场

在2023—2024中国大学生排球联赛（普通本科组）中，中山大学男子甲组排球队取得历史性突破，勇夺全国冠军。至此，我校在本赛季全国男子排球最高水平赛事上荣获"双冠王"。

· 中山大学击剑队

中山大学是全国高校里面最早开展击剑运动的学校。早在1985年，我校就开设了击剑公选课，1987年开始招收击剑高水平运动员。1993年，中山大学成立了中国击剑协会中山大学分会，与清华大学、北京大学共为击剑协会的主办单位。从历届大学生击剑比赛来看，中大击剑在高校排名位于前列，在综合性大学中位列第一。

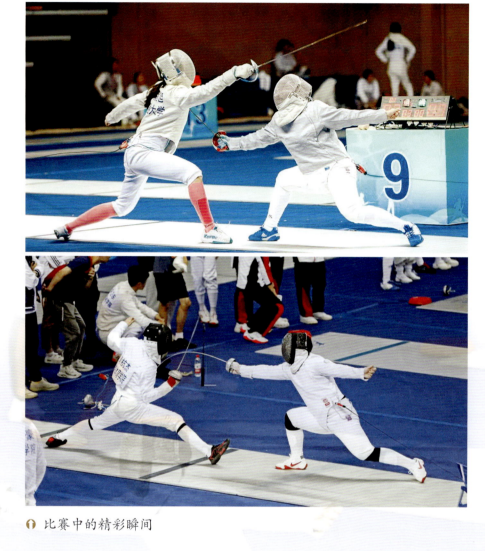

比赛中的精彩瞬间

击剑公选课上，同学们穿戴好护具进行实战演练

·"在中大,我的体育是奥运冠军教的"

自2021年起,中山大学体育部组建奥运冠军教学团队为学生讲授"冠军第一课"。目前,有4位奥运冠军在我校任教,分别为罗薇(2004年雅典奥运会跆拳道女子67公斤级金牌)、张洁雯(2004年雅典奥运会女子羽毛球双打金牌)、杨伊琳(2008年北京奥运会女子体操团体金牌)、焦刘洋(2012年伦敦奥运会女子200米蝶泳金牌)。其执教的公共体育课分别为跆拳道、羽毛球、健美操、游泳。

罗薇在中大上课

张洁雯在指导比赛

焦刘洋在指导学生

杨伊琳(后排中间)和学生们在一起

·"游在中大"

地处中国的南大门，我校高度重视学生的游泳运动素质，为每个校区配备了标准化泳池，每年举办25米游泳测试，不会游泳或不能达标的学生必须在第1—6学期选修一次游泳课。

广州校区南校园游泳池

广州校区北校园游泳池

广州校区东校园游泳馆

珠海校区游泳池

深圳校区室内恒温泳池

· 演绎中大红色故事

近年来，师生从学校深厚的历史积淀和文化底蕴中汲取素材与灵感，打造一系列原创戏剧作品。以中大师生在不同历史时期的奋斗故事为线索，回溯中大人百年报国历程，生动展现中大人忘我奉献的爱国热忱和质朴崇高的情怀。

中山大学"红色三部曲"之一《中山情》剧照

中山大学"红色三部曲"之一《笃行》剧照

中山大学"红色三部曲"之一《奋斗的岁月》剧照

《铁流》剧照

拾 数说中大

· 中山大学基本数据统计

专任教师 4619 人
专业技术人员 990 人
博士后、专职科研人员 2285 人
学生数 68677 人

院系 70个
在招本科专业 97个
博士学位授权点（一级学科） 59个
硕士学位授权点（一级学科） 67个
博士后科研流动站 47个

国家级研究机构 42个　　省部级科研机构 260个
地方研究院 10家　　　　重大平台 10个

（数据统计截至2024年5月31日）

院系

广州校区

- 中国语言文学系
- 哲学系
- 博雅学院（通识教育部）
- 外国语学院
- 政治与公共事务管理学院
- 马克思主义学院
- 新闻传播学院
- 艺术学院
- 物理学院
- 地理科学与规划学院
- 材料科学与工程学院
- 计算机学院
- 环境科学与工程学院
- 中山医学院
- 公共卫生学院
- 护理学院
- 继续教育学院
- 历史学系
- 社会学与人类学学院
- 岭南学院
- 法学院（知识产权学院、中英国际海事法学院）
- 管理学院
- 心理学系
- 信息管理学院
- 数学学院
- 化学学院
- 生命科学学院
- 电子与信息工程学院（微电子学院）
- 国家保密学院
- 系统科学与工程学院
- 光华口腔医学院
- 药学院
- 体育部

珠海校区

- 中国语言文学系（珠海）
- 哲学系（珠海）
- 国际翻译学院
- 旅游学院
- 物理与天文学院
- 海洋科学学院
- 化学工程与技术学院
- 中法核工程与技术学院
- 微电子科学与技术学院
- 人工智能学院
- 历史学系（珠海）
- 国际金融学院
- 国际关系学院
- 数学学院（珠海）
- 大气科学学院
- 地球科学与工程学院
- 海洋工程与技术学院
- 土木工程学院
- 测绘科学与技术学院
- 软件工程学院

珠海校区

深圳校区

- 医学院
- 药学院（深圳）
- 生物医学工程学院
- 智能工程学院
- 农业与生物技术学院
- 集成电路学院
- 先进能源学院
- 商学院（创业学院）
- 柔性电子学院
- 公共卫生学院（深圳）
- 材料学院
- 电子与通信工程学院
- 航空航天学院
- 生态学院
- 先进制造学院
- 网络空间安全学院
- 理学院

深圳校区

• 学部

• 附属医院

广州校区北校园

结语

　　回首百年，中山大学在探索中国现代大学的道路上步履铿锵，奋力前行。这所大学的厚重历史与不凡成绩，既是前辈呕心沥血、披肝沥胆的结晶，更是国家走向全面复兴的时代硕果。

　　以史为鉴，唯有时刻关切人类的命运，与国家和人民同心、同向、同行，自觉投身民族全面复兴的伟大实践，方能更加明确育人育才方向，获取学术发展的源头活水和永不衰竭的动力。

　　以史为鉴，唯有坚持灌输和讨究世界日新之学理与技术，并因应国情而推广其运用，不断促进社会道义之长进和物力之发展，方能担当起大学作为社会公器的职责和使命。

　　以史为鉴，必须坚定不移地践行习近平同志关于"扎根中国、融通中外、立足时代、面向未来"的教育思想，方能将进入世界一流大学前列之雄伟蓝图化为现实！

　　以史为鉴，必须始终坚持中国共产党的领导，我们才能确保办好中国社会主义大学的方向，有效协调各方，凝聚共识，汲取集体智慧，实现民主决策，创造绵长的更辉煌未来，续写更加壮丽的山高水长新篇章！